只有我能拯救我自己

遇見內心的騎士

橋本翔太 著
陳靖涵 譯

所有煩惱都是「另一個我」所引發

我為什麼這麼沒用呢？
討厭死了，有沒有人能幫幫我……
從以前到現在都是這樣，
沒有人理解我，
也沒有人願意幫助我。

這時，我聽見了一個聲音——

「我無時無刻不在你身邊幫助你喔。」

「我比任何人都懂你的心情。」

「當你難受的時候，

「我一直支持著你。」

「咦？你是誰？」

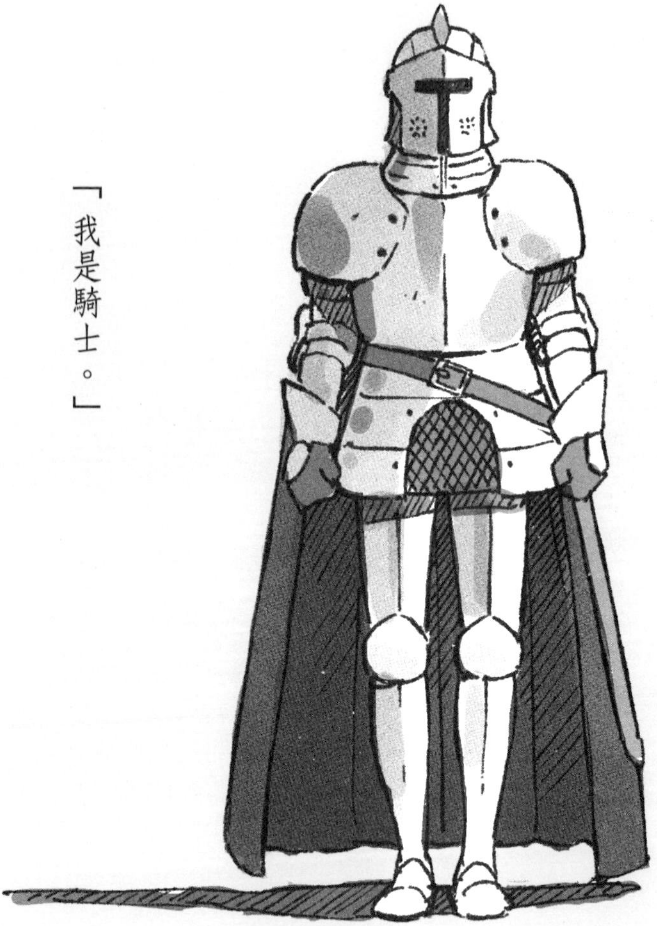

「我是騎士。」

——站在那裡的人，竟然是我？

「咦？是『我』在幫助我嗎？

「但為什麼我還是這麼痛苦？

「做什麼都不順利？」

「我會告訴你原因的，來，我們一起走吧。

「我們一起去幫助你。」

——這是一個我來幫助「我」的故事。

前言
你有能力幫你自己

關於你的謎團

「人際關係、工作、金錢、家人……爲什麼總是煩惱不完？」
「我討厭自己的性格，爲什麼不論做任何事都不順利？」
「明明有想實現的夢想，卻沒辦法好好達成。」

我們經常面臨許多問題。
常常因此感到痛苦，覺得人生過得不如意，並爲此煩惱不已。

像是必須克服生活困境、人際關係的煩惱、工作上的挫折等負面情境；或是想完成夢想、實現自我，朝正向目標跨出步伐時出現的問題。不論是哪一種，我們都強烈地希望能盡快解決或放下，好早日成爲理想中的自己。

但我們爲什麼沒辦法做到？

本書將進入內心深處，探尋造成各種人生問題的原因，解開連你也不知道「關於你的謎團」。

它將能眞正解決問題，讓人生大幅度成長。

接著，我們來聊聊「內心深處」的事吧。

做什麼都不順利。

反覆遇到一樣的問題。

也不太有辦法解決問題。

這些事情都蘊含了重大的「意義」和「目的」，就是——

保護你。

看到「保護你」三個字，你有什麼感受？

也許一下子還沒辦法相信。

事實上，**你所面臨的問題或煩惱，都是「爲了保護你」而存在；**那些你希望盡快解決或消除的麻煩事背後，隱藏著保護你的使命。

這就是「問題眞正的樣貌」。

爲了要守護你，而從心中誕生的另一個你。

就是他擔起了保衛你內心的職責。

「另一個你」與「現在的你」在想法上的差異，就是讓許多事情進行得不順利的根本原因。

突然看到這種說法，你可能完全摸不著頭緒；不過你會在閱讀本書的過程中理解我的意思。

此外，能解決這些問題的人只有你。

你是唯一做得到的人。

換句話說，**你不需要依靠別人，你擁有幫助自己的力量**。

你心中確實擁有改變自己人生的力量。

讓我們一起透過本書找出「問題真正的樣貌」，加深對自身的理解吧。

就像解開自身的謎團般，你將深刻理解到爲何過去總是過得不順遂；然後，你的人生會開始產生巨大的變化。

幫助自己的力量就在你心裡

非常抱歉，還沒向各位自我介紹。

我是擁有國家執照的公認心理師橋本翔太，主要透過心理治療、營養治療、音樂治療這三大專業來提供服務，以協助個案自立為目標——也就是讓個案察覺自己心中巨大的力量並取回它，同時也知道如何用運用這分力量解決自己的問題。

確實，有時我們必須尋求別人的幫助，但**每個人與生俱來便擁有能幫助自己的力量**。

要是放棄那分力量，過於依靠他人，或是不斷尋找願意幫助自己的某人，我們將會遺忘或失去自己心中那「幫助自己的力量」。

幸好，只要看清問題的眞面目，掌握能靠自己就讓心變得平靜，以及自行解決問題的能力後，就不用白白把力氣浪費在擔憂上。

這是一種信任自己、覺得可以依靠自己的感覺；換句話說，就是提升你對自己的信任度，讓你萌生「我辦得到」的自信。

這幾個字或許你早就聽膩了，但你將能透過本書實際體會到「相信自己」是什麼感覺。

只是，現在有許多人無法相信自己的力量。**我也曾是其中一人，並因此讓無數痛苦的回憶反覆重演**。

諷刺的是，越是一個人拚命努力，越會對獨自努力感到疲憊不堪，甚至有種快放棄自己的感覺。

這種想法所帶來的反作用力，會讓人打從心底不斷想著：「有沒有人能幫幫我？」若是出現了好像可以依賴的其他人，便很有可能緊抓著對方不放、陷入執著。

尤其是從小就經歷許多艱辛的人，又或是因爲與主要照顧者（如父母）

之間的關係不佳，而留下不少痛苦回憶的人。

即使如今早已長大成人，只要有過這種經歷，仍會熱切地盼望有誰能來幫幫自己。

換個說法，這樣的人會**下意識地持續尋覓「如同騎士般的某人」**——某個能成爲「理想父母」的人，某個能保護他、引導他、幫助他的人。

他們往往希望伴侶或朋友能成爲自己理想的父母，或是希望心理師能做到這一點，有時還有可能找上占卜師或身心靈方面的老師。

然而這麼做的結果，將導致與伴侶或朋友的關係破裂、捲入人際關係或金錢上的糾紛，結果不但離自我實現更加遙遠，還會變得越來越無法信任他人……

儘管如此，這樣的人依然容易陷入這種悲傷的循環：還是會希望某人能幫他想想辦法，並再次步上四處流浪的尋人之旅……

取回自己真正的力量吧！

我們之所以會去找那些可能願意幫忙的他人，還有另一個理由：人們很自然地認爲「別人造成的傷口，必須由別人來醫治」。以內心的運作來說，這種感覺是很理所當然沒錯，但問題是，你本來就不需要尋求別人的幫助啊！

假設，**願意幫助你，有如「騎士」般可靠的存在，早已存在你的心裡呢？**

如果你只是沒察覺到他的存在呢？

接下來，我要讓大家察覺到在自己心中幫助並守護我們的「騎士」的存在，也會介紹能讓你認識心中巨大的力量、眞正解決問題的方法。

在這本書裡，有三件事希望大家知道：

我希望各位能察覺到自己擁有力量，知道**自己就能幫助自己**。

我也希望各位能知道**具體的方法**。

接著，我更希望各位能**取回自己眞正的力量**。

我的人生因爲這三件事而有了極大的轉變。

我成功地克服了活著的痛苦及煩惱，也完成了夢想並實現自我，還構築了自己想要的人生。

我也想把那些方法告訴大家。

來吧，「你幫助『自己』的故事」即將開始。

目錄

前言

你有能力幫你自己 012

第1章

正是那些令你煩惱的問題保護了你 029

第2章

爲了保護你而生的「另一個你」 081

第1章

正是那些令你煩惱的問題保護了你

「我不希望你再次受到傷害。

「我想保護你。

「我真的很珍惜你。

「但我說不定反而因此造成了你的困擾……」

「這是什麼意思？

「你明明想保護我，

「卻造成了我的困擾，有這種事嗎？」

是什麼導致了你的問題？

爲什麼我總是這麼沒用？
爲什麼這個問題沒有解決？
爲什麼我老是不斷遇到類似的人際關係糾紛？
爲什麼我每次都無法和伴侶好好走下去？
爲什麼工作和金錢總是會卡關？
明明付出相應的努力，爲什麼還是沒辦法有好的進展？

爲什麼、爲什麼、爲什麼……？
如果我說答案是**「爲了保護你喔」**，你會怎麼想？
「什麼意思？我這麼煩惱又痛苦，你卻說那是爲了保護我？到底是怎麼回事？」

你或許會忍不住想生氣。

但毫無疑問的，這是事實。

潛意識爲了保護你，進而引發了許多問題，或讓事情進展不順。

在這個章節，我將會解釋這項驚人的事實和祕密。

我們的心爲了保護自己，會在「潛意識」這塊領域裡卯足全力拚命到你難以想像的地步。

宛如保護我們的身體、避免外界異物入侵的白血球。

潛意識用盡全力運作，想保衛你的心。

這些爲了保護你而開始活動的成員們，就像是你的「內心防衛隊」。

在臨床上，有時我會透過心理諮商來找出個案的內心防衛隊，而且我常覺得，這群「內心防衛隊」就像雖然笨拙，但很努力想保護個案的「溫柔騎士」。

因此在本書，就讓我們**親暱地稱這支內心防衛隊爲「騎士」吧**。

人人心中都有一支內心防衛隊

騎士大多是潛意識的一部分。

各位可以把潛意識理解為「自己還無法意識到或察覺」的部分。而無論有沒有辦法意識到，也不管是怎樣的人，**每個人都有一支內心防衛隊（騎士），目的就在於保護自己**。

你心裡必然有騎士的存在。

這支內心防衛隊無時無刻不在拚命想保護你。

這與你的意願無關，他們就是隨時準備為你挺身而出。

由於這項活動發生在自己無法察覺的「潛意識」，所以我們必須練習去意識它，才有辦法發現（方法會在第3章進行說明）。

內心防衛隊的目標只有一個。

那就是**「別讓你再受更多傷害」**。

不過這些騎士們非常笨拙，明明非常想保護你，卻往往不小心做出極端的行爲。那些行爲有時會變成問題，出現在日常生活中。換句話說，騎士一邊帶著「這麼做對你有好處」的想法，一邊太努力地想保護你的心，結果反而弄巧成拙。

換言之，那些發生在人際關係、個性、工作、金錢、愛情、家人、伴侶關係……的糾葛，其實都源自於明明很笨拙卻仍拚盡全力的騎士。

許多人面臨的各種問題，**絕大多數都是由於騎士守護內心的功能——「防衛反應」所引起的**。

尤其是以相同模式反覆發生的問題，或是煩惱很久的問題，絕大多數都與內心的防衛反應有很強的關連。

越是傷痕累累的人，心中的騎士越是活躍

騎士存在於每個人的心中。

只要是人類，不管是誰的心裡都會有。

無論是在非常幸福的家庭中長大的人，或是始終笑臉迎人的人，他們心中都有騎士的存在。

因此，並非由於你很弱小或你有問題，騎士才會出現在心裡。

只不過，**目前爲止曾有很多「受傷的經驗」，或是「只能獨自想辦法面對那些傷口」的人，他們心中的騎士通常比較活躍。**

但這也是人類心理功能有在好好運作的證據，不代表你不好或你很奇怪，請不要忘記這點。

就算是寫下這些話的我，心中也有許多騎士存在。

請試著想像一下，心裡有一群非常努力想保護你、避免你受到傷害的騎士。

這樣一想，是不是稍微對他們產生了親近感？

然而正如前面所說的，就是因爲這些騎士覺得「這麼做是爲了你好」，用盡全力想守護你的緣故，才會**發生那些因他們的笨拙而導致的問題**。

不擅長整理的人，會擁有怎樣的騎士？

騎士覺得這麼做是爲了你好並努力地去做，所以引發了問題——

聽起來好像有點難懂，對吧？

讓我舉個具體的例子。

在我的諮商經驗裡，「沒辦法整理房子，爲此感到困擾」是其中一個常被個案提出來討論的煩惱。

「我想把房間整理乾淨，想維持在整理好的狀態。」

「我明明很希望能做到，但眞的到了要執行的時候，又會覺得麻煩。」

「馬上就開始隨手亂放東西。」

「沒辦法很勤快地經常整理。」

「我爲什麼就是無法好好整理家裡呢？」

很多人可能已經猜到了。

這也是**身爲內心防衛隊的騎士覺得「這樣對你比較好」，進而「引導你變成無法整理的人」**。

也可以說，因爲潛意識裡有「不整理比較好的理由」，所以騎士才會引導你把房間弄得亂七八糟。

「不整理比較好的理由？怎麼可能會有那種東西！」

「我不僅很想整理，還很討厭這種骯髒的房間！」

「哪裡有不整理比較好的理由？」

我非常能理解各位的想法和感受，不過這些都是表面、浮現在外的意識。換句話說，之所以無法理解，只不過是因爲此時此刻的你是用自己「感覺得到」的內心區域去思考罷了。

若能透過心理諮商進入內心深處，**你就能發現令人驚訝的理由**。這些理由會受到自己的成長過程、個性、過去的經驗所影響，使得每個人都不太一樣。不過接下來，我們還是介紹兩項具有代表性的理由。

「無法整理」背後的原因①
當思緒變得清晰，不安反而更強烈

把房間整理乾淨之後，腦袋也會變得清爽對吧？一旦知道什麼東西放在哪裡，心情也會跟著舒暢起來。藉由整理，能讓思緒變得更清晰，人生也更順遂……

大家應該都看過這種類型的居家收納書。

更重要的是，「必須打掃」「要趕快整理」「非做不可」的煩躁感也會全部消失。

然而打掃乾淨後，**平常壓抑的不安或焦躁才會隨之湧現的人，其實不在少數**。

對工作、健康、對人際關係……的不安，會隨著逐漸清晰的思緒，變得更容易感受到。

也就是說，亂七八糟的房間會讓思緒和心情都處於混亂的狀態，並帶來**「多虧這種混亂的狀態，我可以不用感覺到不安和焦躁」**的好處。

覺得待在沒那麼整齊的房間裡比較安心的人，非常有可能是利用待在雜亂的環境，來掩蓋焦慮這種令人不快的情緒。

房間亂糟糟的，確實會讓人覺得煩悶；可是感受到不安或焦躁更不舒服，所以才透過凌亂的房間來壓制更討厭的情緒或感覺。

聰明的騎士會覺得，與其被不安籠罩，不如藉由「不整理房間」故意讓你感受到輕微的混亂，這都是因爲他想保護你。

「無法整理」背後的原因②
覺得自由被剝奪了

各位可能仍然無法理解我在說什麼，所以這裡再舉一個例子。

在了解無法整理或不想整理的個案所擁有的親子關係後，往往會發現：這些個案的父母其中一方（或雙方）對整潔的要求很高，**在成長過程中經常被罵「還不趕快去整理」的人不在少數**。

此外，他們與父母之間多半存在許多隔閡，隱忍了很多事。

整理→在父母的支配下乖乖聽話→自己的感受與心情被扭曲→自己的想法不被理解。

許多個案會產生這樣的聯想。

即使個案現在已經另外組成自己的家庭，父母也不和自己同住，或者父母已經去世，仍然會有這種感覺。

只要他們還對父母懷有強烈的不滿，就會自動和潛意識產生連結：

整理＝屈從於父母，並讓人生的自由被剝奪。

個案不想接受這件事，於是內心產生反彈。換句話說，出於對父母的反抗及敵意，讓他們下意識抗拒整理。

雖然理智上很清楚，把房間整理得乾淨清爽會比較舒服；可是一旦動手整理，那種彷彿被父母控制的感覺又會（在自己無法察覺的潛意識領域中）湧現。

所以騎士會阻止你動手，讓你覺得「與其要感受到那種不快，不如別整理」。

沒錯，不要整理反而比較好。

爲了不讓你想起親子關係裡的傷痕，爲了不刺激你，爲了避免你觸碰到被父母支配的悲傷或憤怒，騎士會引導你，刻意使你沒辦法整理。

不整理，成了讓你不至於回憶傷痛，保護你免於受傷的手段。

因此，即使是那些無論從哪個方面來看都覺得早點解決比較好的問題（例如無法整理房間），當我們深入內心時，就會意識到一項事實，那就是「最好不要解決這些問題」。

這是騎士在內心運作所導致的結果。他們藉由故意不讓你解決問題，來達到保護你的目的。

不允許房間髒亂的人，會擁有怎樣的騎士？

當然也有相反的版本。

比方說，父母不太做家事，家裡總是髒兮兮的，親子關係也不甚融洽的人；或是成長過程中曾有必須代替父母做家事、打掃凌亂房間的經驗，這樣的人會非常討厭房間雜亂、不乾淨。

因爲**只要待在亂七八糟的房間裡，就會成爲想起當時悲傷情緒與難受經驗的觸發點，令人感到痛苦**。

爲了別和這些不願回想的感覺產生連結，這樣的人會想盡辦法維持房間的整潔。

然而這樣的行徑要是做得太過頭，很可能會出現嚴重潔癖或完美主義傾向的行爲，變成他們生活中的另一種困境。

有這個問題的個案中，不乏就算工作累到不行、身體很不舒服，也不允許房間亂七八糟的人。他們會鞭策自己，有著「不這麼做就無法放鬆」的習性。

比方說，我的某位個案就算面對孩子，也不許他們把家裡弄亂；但另一方面，卻爲了自己大聲斥責幼小的孩子而煩惱。他哭著告訴我，自己心裡明明很清楚，才三、四歲大的孩子，會弄亂房間是很正常的事，然而一股非常龐大的怒氣卻湧上心頭。他怕再這樣下去，自己總有一天會失手打孩子。

他似乎從來沒想過，自己之所以會這樣，**是因爲待在亂七八糟的房間裡，會連結到他在成長過程中因痛苦的親子關係而經歷的悲傷與憤怒。**

透過與存在於個案心中、無法容忍凌亂的騎士對話，個案後來有了很大的轉變：即使房間沒那麼整潔，也能保持平靜，與孩子的關係也有了大幅度的改善。

覺得「第一次聽說這種事」的人，或許會有點混亂。

在這個階段，我希望各位能先了解心的運作模式，也就是**「你以爲是問題的事，其實保護了你的心」**。

光是理解這一點，那種爲了想立刻解決問題而感到焦慮、厭煩、沮喪的頻率，便會明顯降低。

「問題」的背後，有著「守護內心」這項值得稱許的理由和目的。

只要明白這一點就足夠了。

有時候，光是能察覺到「問題」不同的面向，就能讓問題不再是問題。

隱藏在問題背後的好處？

前面以「騎士」來稱呼內心運作的部分機制，接下來，我要用更偏向心理學的角度來說明。

例如無法整理房間等乍看之下很像是困擾的狀況底下，有時存在著其他目的或面向：現有的問題或有待解決的困境中，隱藏著擁有該問題能享有的好處。

這一點也稱爲「附帶收穫」（secondary gain），簡單來說，就是「問題帶來的利益或好處」。

「附帶收穫」是一九七〇年代誕生於美國的神經程式語言學（NLP, Neuro-Linguistic Programming）用語之一，**意思是隱藏在造成問題的背景中、附帶存在的好處。**

ＮＬＰ的發展奠基於技術的整合，這些技術則來自於當時在臨床工作中獲得豐碩成果的心理學家們。

如果要追本溯源，「附帶收穫」其實是來自十九世紀佛洛伊德那個年代的概念。如今，這個概念在醫療領域已廣爲人知，對從事醫療及心理相關工作的人來說可謂常識。

最能說明附帶收穫的概念之一，就是「疾病獲益」。

爲什麼疾病或問題會在不知不覺中產生？

所謂的「疾病獲益」，是指當事人因爲生病（有問題）而獲得好處（利益）。

這是廣泛出現在醫療現場的概念，嚴格來說可分爲「初級疾病獲益」與「次級疾病獲益」，但這裡先略過不提。

你或許會想：「一直生病能獲得什麼？」「生病有什麼好處嗎？」

如果要簡單舉出疾病獲益的例子，大概有：

「只要生病，家人對待自己的態度就會比平常還要溫柔。」

「可以正大光明地向學校或公司請假。」

「可以獲得醫護人員的關注。」

其他還有很多。

如果生病能讓患者遇到前面提到的這些好事（好處），有時就會發生生病情一直沒有好轉，或是本來應該要痊癒了，卻有不明原因導致身體不適的情況。

當事人自己明明也想把病治好，卻處在患病這個對本人來說「有某種好處」的狀況。只是**大部分的當事人並沒有意識到這一點，或完全沒有自覺。**

除了疾病獲益，問題或煩惱所帶來的好處（附帶收穫）因人而異，情況各有不同。

就連人際關係、性格、工作、金錢、愛情、家人、伴侶關係等方面的問題，很多時候也都有形形色色的「好處」隱藏在問題背後。

但是請不要認定有疾病獲益嫌疑的人全是懶惰或奸詐的人，畢竟沒有人喜歡生病；而一直生病，也不等於就有疾病獲益。

經過深入了解，**我發現這些案例的背後，其實是一個個需要疾病獲益的悲傷故事**。

當事人並非有意識地刻意生病。

在大多數情況下，這是自己無法察覺的潛意識運作所導致的結果，並不是當事人主動且企圖想藉由生病獲得好處。

所以請不要誤會他們。

面對明明自己也很想早點恢復健康，卻不知爲何就是好不起來的情況，我們可以思考一下，這會不會是做爲防衛機制的「疾病獲益」所導致的。

如果你很擔心，請務必尋求醫師的診斷，千萬不要妄下定論。

我們回到附帶收穫。

「你老是拿問題當擋箭牌，緊抓著背後的好處不放！」

「你之所以無法解決問題，是因爲只要它還在，你就能輕鬆了！」

「快點下定決心放手！」

有些人會像這樣，說出責備對方的話。

但這麼做完全是搞錯方向。

正是因爲想早點解決問題，早點放手，大家才會感到苦惱。

然而對存在於內心的潛意識來說，它拚了命想要維持的平衡狀態，正是眼前這個「有問題」的現況。

因此，說出「這都要怪你沒辦法放下問題帶來的好處」「會這樣是因爲你很軟弱」等只訴諸毅力的粗暴論調，是非常淺薄的思考方式，忽略了人類內心的精巧運作。

即使察覺到問題帶來的好處，也請千萬不要責備對方或自己。

你的心，已在此時此刻盡了它最大的努力。

請你不要忘記這一點。

比起獲得，人們更傾向於避免損失

無論是有意的，還是像附加收穫那樣連自己也很難察覺的潛意識行爲，**人們經常會爲了自己的利益選擇要採取的行動**。

就算是擔任義工或其他無償的行爲，也有藉由貢獻社會、幫助他人來達到自我實現，或實踐自己想要的生活方式等好處。

這麼做一點也不狡猾。

我們都是採取這些行動後存活下來的祖先們所遺留的後代，請把它當成演化過程中寫進ＤＮＡ的程式之一吧。

大致上來說，爲了獲得好處的行爲動機可分爲兩種：

1．有所獲得（得到利益）

2．迴避損失（避免虧損）

尤其是**人類有非常強烈想迴避損失的傾向**。

在行爲經濟學的前景理論中，稱此爲「損失規避」。意思是比起「獲得」，人類更傾向於規避「損失」。

你之所以無法解決自己身邊的種種問題，是因爲能透過「擁有問題」來獲得「好處」（避免損失）。**這正是騎士在你無法察覺的潛意識做出了判斷，認爲那個問題還是不要解決比較好的結果**。

「不想再讓你受傷」是騎士最重要的目的

騎士的目的是「迴避損失」。

但這裡的「損失」，到底是什麼損失？

不論是透過心理諮商或營養療法，我在臨床上與許多個案接觸的過程中，發現這些問題背後有一項（而且是唯一的）共同的好處，那就是**「能保護自己，避免再受到更多傷害」**。

換言之，所謂的「迴避損失」，就是「避免再度受傷」。

聽到這種說法，有些人可能會覺得「不過是內心受傷而已，只要靠毅力和氣勢，應該就可以解決了吧」。

可是內心受傷時，也就是面對精神上的痛楚時，據說大腦會產生如同肉體遭到拳打腳踢般的感覺。

「減輕心理壓力」講起來好像很簡單，但希望各位知道，對大腦來說，精神上的痛楚和肉體受傷的疼痛幾乎是沒有差別的。

保護內心所受的傷、守護傷口的潛意識活動即是「防衛機制」，而負責執行的人就是我們的騎士。

他正拚命保護你，讓你不受到內心傷痛的影響。騎士很努力且用力地工作，不讓你想起或察覺到傷口，就是要避免你受到更多傷，或是不讓你在日常生活中承受更多壓力、勉強自己。

這些都是發生在潛意識中的活動，因此我們不太有辦法察覺。

不管是誰，都想避免自己的心受傷。

尤其是過去曾有過類似經驗，且傷口尚未完全癒合的人，**潛意識會強烈地想避免再次因同樣的原因或情況而受傷**。

如果用身體上的傷來比喻，應該更能理解。

假設你的右手有一道傷口。

在那道傷口還沒癒合的情況下，要是同一個地方再次受傷，疼痛感一定會非常強烈對吧？

就算平時可能會忘了右手受傷的事，但傷口還是一直在那；只要一想到手上有傷，就會覺得泛起陣陣疼痛。

在這種情況下，你自然不會去觸碰傷口，當然也會避免去想它。

回到剛剛想透過疾病獲益與家人及醫護人員建立關係的話題。

以這種情況爲例，個案小時候很可能曾因孤獨而感到非常痛苦，是個極度害怕變得孤單的人。

他可能也拙於言詞或表達，雖然只是單純地想與他人建立關係，卻不知道該怎麼做才好。

如果是這樣，那麼**即使生了病，但若能與某人建立關係，總還是比健康卻孤獨來得好，可以規避內心受傷的損失**。

尤其是從小就有、尚未痊癒的內心傷口，有不少都是很深的傷。

對人類來說，用盡一切方法避免內心再度因爲類似的事情而受傷，可說是我們無論如何都不想重蹈覆轍、絕對會全力規避的事。

笨拙、極端，又愛操心的騎士

騎士用前面提到的方法，拚了命地努力讓你不要受傷。

至於這些騎士，有三大特徵：

1．笨拙

2．極端

3．愛操心

1 笨拙

騎士非常笨拙。

原因在於大多數騎士都是在你小時候爲了守護你而誕生的，所以騎士本身的內在也會一直處在幼稚狀態。

騎士確實擁有人類所具備的優秀內心防衛機能，但**同時也是童年的你迫於需要創造出的另一個「年幼的自己」**。

也就是說，不論是內心或具備的知識，騎士都停留在小孩的狀態。

他用小孩做事的方式守護你，做法勢必會顯得笨拙。

2 極端

在你小時候誕生的騎士，不擅長像大人那樣綜觀全局，冷靜判斷情勢。

他一心只想保護你內心的傷口，所以往往**會用極端的方法來守護你的心**。

引導你不整理房間。

讓你生病。
引發人際關係上的問題。
或是導致你發生經濟上的困難。
……騎士有時會用這些方式「保護」你，但他這麼做完全沒有惡意，連一點點都沒有。

3 愛操心

騎士很擔心你，擔心到不行。
再加上沒有人幫你，以及他覺得自己必須想辦法保護你的壓力，使得騎士無時無刻不爲你擔憂，心想絕不能再讓你受到傷害。
他總是事先預想最糟的狀況，死命想保護你，好避免你再度受傷。騎士眞的很愛操心。

前面我們看到了騎士的三項特徵，這表示**你心裡有非常多不但笨拙、極端，還很愛操心的騎士**。

人際關係、個性、工作、金錢、愛情、家人、伴侶關係、自我實現……他們在人生的各個領域分工合作，守護著你。

不論是哪一位騎士，都是根據「守護內心」這項任務在努力。

然而諷刺的是，你一切的問題和想改善的所有狀況，全都是因爲騎士們即使笨拙卻仍全力以赴的行動所引起的。

他們爲了不讓你受傷、**覺得這麼做對你比較好並努力執行的結果，以（對你而言）「問題」的形式顯現出來**。

接下來，我將簡單介紹一些過去在諮商時所學到、騎士在內心的運作方式，好幫助大家進一步理解。

「沒時間」背後的原因①

不忙碌的自己沒有價值

在我諮商過的個案中，不乏察覺到「只要讓自己被時間追著跑，就不用去想多餘事情」的人。

「只要變忙，就不用感受到不安、焦慮或壓力了。」

「只要一閒下來，就會想到其他的很多事，讓人心情沮喪。」

大家不要驚訝，眞的有這樣的人。

明明討厭被時間追著跑，眞正的想法卻剛好相反，覺得被時間追著跑，精神上反而比較輕鬆。

要是做過了頭，有些人會因爲過度沉迷於工作，或者是經常讓交感神經占優勢，最後導致「無法休息」或「睡不著」等自律神經方面的問題。

除此之外，也有人意識到自己開始產生**「如果我不忙，我就沒有價值，沒有存在的意義」**的感覺。

這種情況特別容易發生在從小只要完成什麼事（例如考試考高分、幫忙做家事）就會被誇獎，但要是處在什麼都沒做的狀態（比方說睡午覺、無所事事），便會受到責備的人身上。

他們會覺得，如果自己沒持續做著什麼有意義的事，就無法存在於這個世界，覺得沒有自己的容身之處，甚至容易產生**「我不該活下去，我沒有活著的價值」**的感覺。

正是因爲騎士知道這樣的人一旦閒下來、缺少期限將至的緊迫感，內心便會浮現「我沒有價値」或「這樣的我沒有活下去的意義」的想法，所以在不少案例中，騎士會故意讓個案被時間追著跑，引導他們把所有事情都抓在手上。

「沒時間」背後的原因②

不想獲得成果

另外還有這樣的理由：

「要是有時間，就可以去做自己想做的事——可是那樣好可怕……」也有很多人是因為意識到了這一點。

雖然心裡有想達成的目標或想實現的夢想，不過一旦有了那麼多時間，也真的著手去做，最後一定會得出某種程度的結果，而且很可能不符預期。

與其因為將來必然會得出結果的可能性受傷，不如以忙碌為理由，不要真的去做還比較好。

讓事情停留在「可能」的階段，想著「要是自己真的哪天要做，一定做得到」，就可以不用面對現實，不必被事實傷害。理由在於：反正這件事又沒有在現實裡發生，當然不會受挫。

抱持著雖然今天很忙，但「我會從明天開始認眞努力」的想法，**讓人得以活在「只要我認眞起來，就有辦法成功」的可能性裡**，避免內心因爲「勇敢嘗試卻以失敗結束」而受到傷害。

比方說，你想創業、成爲漫畫家，或是想出國旅行。

可是你現在很忙，現實也不允許你採取行動。

假設你爲了創業或成爲漫畫家而眞的往前邁出一步，最後的結果必然是「順利實現夢想」（成功）或「沒有達到目標」（失敗）其中一種。

因爲害怕看到最後的結果，所以想讓整件事保持在「只要我想做，就一定做得到」的狀態。

相較於實際採取行動，結果在執行過程中留下討厭的回憶，或是眞的如願以償，只要活在「我想做應該就做得到」的可能性裡，便不用受到傷害。

這也可說是不想認清、不想知道自己眞正實力的狀態。

並不是因爲太忙，所以做不到，而是故意讓自己變得忙碌，不讓自己爲了實現自我採取行動。

換句話說，就是處在「利用持續保持忙碌以避免採取行動，不讓最後結果造成的傷害影響到自己」的狀態。

出國旅行也是一樣。

對於不需要頻繁出國旅行的人來說，**跳脫日常生活是件有點令人害怕的事**。不僅需要勇氣和能量，執行的過程中也有可能遇到問題。

與其因此受傷，不如停留在「總有一天會去」的狀態裡，既不會受傷，也不麻煩，還不會有壓力。

凡是「沒做過卻想做的事情」，就表示很可能會在執行的過程中讓自己受到傷害。因此，不論對任何人來說，這都是件可怕的事。

更重要的是，萬一事情進行得不順利，一定會讓人備感挫折。

所以才要提出「我沒有時間，我很忙」這種人人都能理解的正當理由，讓自己和周圍的人接受。透過這種做法來「自欺欺人」，以減少受挫的可能。

當我試著和這些「忙到沒時間」的人深入談過後，才發現他們往往會把時間浪費在逛網路、滑手機上；換句話說，**很多時候他們只是把時間花在沒必要做或沒用的事上面，而非真的騰不出時間**。

「沒時間」這個正當理由，甚至能將自欺欺人的羞愧感全部隱藏起來。

這當然也是騎士在背後運作的成果。

「存不了錢」背後的原因①

無法實現自我的正當理由

事實上，這也牽涉到某個與金錢有關的問題。

我和煩惱自己存不了錢的個案聊過後，不少人都說「只要稍微存到一點錢，馬上就會接連有許多開銷，然後錢又沒了」。

根據我的深入了解，他們的理由多半是「家電不知道爲什麼壞了，必須換新」，或是「不小心亂花掉了」。

這種情況也很有可能是騎士引導他們存不了錢，認爲「這樣對他們比較好」。

透過心理諮商了解潛意識的想法後，很多人都會發現自己懷有**「要是存到了錢，就可以實現想做的事，那樣很恐怖」**的心情。

這與前面提到「沒時間做想做的事」相同。

完成夢想並實現自我其實很可怕，過程中說不定會受到傷害，所以想停留在保留可能性的階段。只要利用「沒錢」這個理由，就能把這件事正當化。

如同沒時間，「沒錢」也是人人都能理解的正當理由，個案自己當然也能接受。

只要沒錢，就能成爲「沒做某事」的最佳理由。

騎士很可能深知這一點，才會在你存到一點錢時，便刻意引導你花錢。

「存不了錢」背後的原因②

對父母的罪惡感

另外也有**「不想意識到對父母的罪惡感，所以存不了錢」**的模式。

曾看過雙親爲錢所苦的人，會對「只有我一個人能花錢去做想做的事」感到抱歉，甚至產生罪惡感。

過去曾被嚴格禁止在自己喜歡的事物上花錢的人，在與個人娛樂或自我實現有關的方面使用金錢時，也會產生罪惡感。

這種罪惡感很強烈，很多時候會讓人產生如同背叛父母、**踐踏雙親人生的感覺，變成**一**道巨大的傷口**。

只要存不了錢，就不需要在罪惡感與自我實現的夾縫間糾結，因此存不了錢反而還比較輕鬆。

有些女性心裡的小小夢想，是希望自己能存到一筆錢，跟朋友四處旅行，或是去高級飯店住一晚，或是優雅地喝下午茶。

對懷有這種心願的人來說，這是她們自我實現的方式之一。

可是卻有人來找我諮商，說她再怎麼努力，還是很難存到這筆錢。

透過諮商，個案發現如果她眞的去做了那些事，耳邊就會彷彿聽見像是「這樣做是浪費錢」「我那麼辛苦把你拉拔長大，結果你跑去高級飯店喝下午茶？倒是過得很舒服嘛」之類的話語。

對父母感到抱歉的心情及罪惡感湧上心頭。

除此之外，個案也擔心自己可能會在旅程中和朋友吵架，或是有可能生病、受傷。要是眞的發生了，她又會責怪自己，覺得「爲什麼我做什麼都不順利」。

個案也注意到了，察覺自己內心原來有如此強烈的不安。

然而，**若是她把不安（直接因素）與對父母的罪惡感當成不去旅行的理由，又會因此感到悲傷或羞愧，也會感到憤怒。**而這更進一步讓她回想起各種過去的傷痛，所以她才會利用「因爲我現在沒有錢」這個簡單好懂的表面理由，阻止自己行動。

存不了錢是令人困擾沒錯，但多虧了它，內心得以避免受到更深的傷害。騎士在了解這一切後，引導個案往這個方向前進，讓她變成存不了錢的人。

與金錢有關的主題會因爲個人的成長背景而有所差異，實際上，有許多種類的騎士都與這個主題有關。

不論如何，騎士們完全沒有惡意，並且是以保護內心爲目的，使用的手段則是讓你存不了錢。

我們用扭曲的方式保護自己

目前為止，我們提到騎士運作的多種結果。

儘管如此，或許還是有人會覺得很衝突，接下來就讓我稍微改變一下觀點，用心理學的方式來說明吧。

如果要簡單形容騎士的運作成果，我們也可以稱為「認知扭曲」。所謂的認知，即是對現實的看法、理解方式，以及如何判斷和解釋。

你可能也聽說過「杯子裡有半杯水」的解釋模式。

1．認為只剩下半杯水

2．認為還有半杯水

這是認知的差異；換句話說，也就是理解方式的不同。

每個人的認知不同，這是理所當然的。可是如果個人的認知有嚴重的扭曲，在看到杯子裡的半杯水時，可能會做出極端的解釋或演變成強烈的不安，覺得「要是把這些水喝完，就再也得不到水了」「我說不定會因脫水而死」，這就是認知扭曲。

認知扭曲，就像是戴上有色眼鏡或太陽眼鏡的狀態。

世界不是你直接看到的樣子，而是有種黯淡、灰濛濛的感覺。

舉例來說，即使是和一個面帶微笑的人擦肩而過，兩人不經意對到了眼，也有人會想：「那個人剛才看著我，露出嘲笑的表情。是我做錯什麼了嗎？還是我的髮型很奇怪？感覺好差喔。」

他覺得自己被取笑了。

但現實中，他不過是和一個面帶微笑的人擦肩而過而已。

對方可能剛好想到什麼，所以笑了出來，又或是遇到了什麼好事也說不定，應該有很多不同的理由。

另外像是「和對方打招呼，卻沒收到回應」的情況，也有可能是對方碰巧在忙其他的事，沒聽到而已。

可是認知一旦扭曲（戴上有色眼鏡看現實世界），就會把事情解讀成「對方故意無視自己」，並選擇極端的理解方式，懷疑：「是不是我做了什麼不好的事？還是我被討厭了？」

至於認知爲何扭曲，其中一個理由是爲了要保護內心。

我們也可以說，**做出會讓自己過度不安的解讀，藉此爲未來可能會發生的壞事做準備，這樣就能避免自己受到傷害**。

舉例來說，相較於在向對方敞開心房的狀態下被討厭，緊閉心房，帶著戒心認爲「我可能被別人討厭」，受到的傷害不但會少一些，自己也比較能接受。

此外，認知扭曲不只會造成類似防衛反應的心理層面問題，還會引發憂鬱或失智症等大腦功能上的障礙。另外，像是腦中風這類身體上的因素，或是血糖不穩、大腦欠缺營養、神經傳導物質失衡等，也都會造成認知扭曲。

換言之，並非所有情況都該歸結到心理或精神上的原因，這一點還請大家留意，必須同時參考症狀和原因，調整應對的方法。這種時候，也請依實際情況遵從醫師指示。

有些認知扭曲可以透過認知行爲療法進行修正，但「技術」或「技巧」這等小聰明對騎士可是不管用的喔。

倒不如說，越是想用耍小聰明的技巧來應對，騎士越是會因此變得更頑固。

很努力學習心理學或自我成長的人，往往會想運用技巧以改善情況，卻反而容易落入問題變得無法解決的矛盾之中。

尤其我們常常會急切地希望自己趕快解決問題，或是想快點變成完全沒有問題的超讚狀態。可是這麼做等同於否定了過去盡全力活著的自己，否定了所有的做法和生存方式，也否定了一直很努力的騎士。

這對一路走來的自己而言，可說是非常沒禮貌的想法。

重要的是理解騎士，並且與騎士對話，並理解關於自身的謎團。

爲此，下一個章節就從進一步認識騎士開始吧。

第2章

爲了保護你而生的「另一個你」

「保護你不受到傷害是我的使命。

「可是就算我很努力，最近還是不太順利……」

仔細一看，騎士看起來很像小時候的我。

「騎士，你到底是誰？

「騎士，你是從哪裡來的？」

第一步從了解騎士開始

「每個人都有『騎士』在保護你。」

突然聽到這句話，你或許不太能理解這是什麼意思。甚至有些人可能會覺得，正因爲騎士明明很笨拙卻還是想保護自己，所以才會發生這些問題，根本是在添亂。

事實上，不論是我的個案，或是參加講座的學員，不少人在知道騎士的存在後，表現出了強烈的厭惡感。

「我眞的覺得騎士很煩。」

「要是沒有你，事情就能順利進行了，拜託你不要做多餘的事。」

「騎士就像弱小的自己，我不喜歡。」

但騎士是爲了拚命保護你而生的「你的一部分」。

當你了解騎士誕生的目的，並深入理解騎士眞正的心情後，對騎士的厭惡、誤解和不合一定會消除，還能打從心底感受到自己被騎士守護著。

爲了讓大家了解這一點，我想在本章談談關於「騎士眞正的樣貌」。

騎士是什麼時候誕生的？

騎士爲什麼會誕生？

騎士的眞面目是？

騎士眞正想說的話是什麼？

就讓我們一個接一個看下去吧。

源於兒時不得不「自立自強」的經驗

騎士大多誕生於幼年時期，也就是我們還小的時候。

雖然也有長大成人後才誕生的騎士，但他們絕大部分都與誕生於童年的騎士有關。

騎士之所以誕生於童年時期，目的是要守護你的心。**而騎士誕生的契機，則是當你經歷「明明還是小孩子，卻只能自己想辦法解決問題」的情況**。

尤其是從小就在以下環境中長大的人，心中會生出大量的騎士。

- 因家庭問題或與主要照顧者（如父母）關係不佳而受苦的人
- 因父母的身心問題，不得不照顧父母情感需求的人
- 生長在難以依靠主要照顧者（如父母）或其他大人的環境，獨自承擔著

悲傷、痛苦、孤獨，就算覺得難受又寂寞，也只能忍耐的人

並非只有生活在毒親、照顧疏忽、功能不健全等極端狀況的家庭中的人，心裡才會出現騎士。

即使是日常生活獲得了良好照顧，或是被平凡地養育長大的人，如果身處**以下列這些常見的情境中，也會導致騎士的出現**。

- 經常被迫聽家人說其他家人的壞話（例如：總是聽到母親抱怨父親或祖父母）
- 家人之間的關係不好
- 家裡的氣氛很沉重或很緊張
- 父母狀態不穩定，常常要留意父母的情緒，察言觀色
- 過度干涉
- 完全放任

- 強迫你接受父母決定好的未來
- 一直拚命想回應父母的期待
- 和兄弟姊妹處得不好
- 父母對兄弟姊妹的態度不一致
- 家人之間經常因金錢而爭執
- 曾經歷父母離婚或離世
- 因為父母生病或單親，必須成為父母或主要照顧者的支柱

家家有本難念的經，世上沒有完美的家庭。相信很多人都明白，父母只是在用他們自己的方式對你好。儘管如此，**周圍沒有理解自己的大人，能同理你的情感在那些糾葛中所遭遇的難過與痛苦，卻也是事實。**

也許你很體貼家人，努力回應了家人的期待，從小就是家人的支柱，然而可以同理你心情的大人卻連一個都沒有——沒有大人具備那樣的餘裕。家

裡的狀況讓他們根本無暇顧及於你，這也是沒辦法的事，這些你都理解。

周圍的大人基於某種理由，每天被逼得焦頭爛額，無力同理你「其實覺得很痛苦、很難受、很悲傷」的心情。

所以你也把忍耐視爲理所當然，對嗎？

倘若身處這樣的環境下，騎士必然會爲了提供你支持而誕生。

除了家裡的事，在學校遭到霸凌、與友情相關的煩惱、獨自對抗病魔的經驗等，都會讓騎士出現在我們心中。

尤其是身邊缺少能在這些艱難狀況下陪伴你或懂你的大人時，騎士就會誕生，爲的是不讓你受到傷害。

就算是世代的創傷，也能親手解決！

完美的父母、完美的家庭並不存在。

每個人在成長的過程中，會留下大大小小、各式各樣的傷口，也是理所當然的。

儘管有程度上的差異，但每個人都是從小就和幼年時期誕生的騎士生活在一起。

身為內心防衛隊的騎士存在於你的心中，是再稀鬆平常不過的事。只是騎士的運作要是太過激烈，就會演變成無法解決的問題，並浮出表面。

「騎士存在內心」這件事本身很奇妙沒錯，但絕非奇怪的事。

就算有導致騎士誕生的契機，但是請放心，我們可以靠自己親手改善與騎士們的關係。

首先，即使憎恨、責怪父母或養育你的家庭，也沒有辦法解決問題。

成長過程中，你也許因爲父母的緣故而讓騎士誕生在心中；但身爲「肇事者」的父母心中，也有他們自己的騎士。

說來諷刺，父母心中的騎士所導致的極端行爲，讓身爲孩子的我們受到傷害；而這些傷害會在世代間形成連鎖反應：父母被他們的父母傷害，他們的父母（祖父母）也被自己的父母（曾祖父母）傷害……**這種情形可說十分常見。**

這是我們難以避免的家族問題。

話雖如此，心中充斥著對他人（包括父母在內）的恨意和憤怒，並不能讓自己的人生變得更好。

我很能理解那種憤怒或怨恨湧上心頭的感覺。

但那不過是你內心的騎士所做出的反應而已。

只要了解騎士，很快就能解決。

沒錯，你可以靠自己親手解決。

請做個深呼吸，繼續往下讀吧。

透過「共同調節」，讓自己有所依靠

人類身爲社會動物，從小就需要與他人建立連結，不論對象是周遭的大人或兄弟姊妹，大家都是透過這些關係培育心靈。

從出生到死亡，存活於現實世界的這整個過程裡，人類會經歷讓自己理解什麼是恐懼、痛苦、厭惡、悲傷、羞恥等情緒和感受的各種事件。

在這些時刻，**有人陪伴、能讓心情恢復平穩的經驗，對心理成長的歷程來說，可說有舉足輕重的地位**。

這是「共同調節」（co-regulation）理論的內容之一。

共同調節是心理學和幼教領域所使用的專有名詞。

尤其是孩子，不知道該如何面對自己內心的恐懼、痛苦、厭惡、悲傷、羞恥等令人不快的情緒或感受，所以需要大人同理這些感覺之餘，也陪伴他們一起處理。

舉例來說，孩子感到恐懼時，有個大人陪伴在身邊，給予安慰或鼓勵，對他說出「你很害怕吧？已經沒事了喔」之類的話。藉由充分獲得以主要照顧者（如父母）爲主的成人提供的同理，孩子的內心得以朝向自立的目標邁進；漸漸的，就算只有自己一個人，孩子也知道該如何適當地處理恐懼或悲傷等感受。

此外，**由於當場就透過共同調節緩和了恐懼或痛苦，因此不至於對孩子造成太大的傷害**。

反過來說，如果未能充分獲得共同調節，孩子就只能靠年幼無力又弱小的自己想辦法解決問題，處理恐懼、痛苦、悲傷等情緒或經驗。

對於大腦發展尚未成熟的兒童來說，要一個人處理不愉快的情緒和感受，幾乎是不可能辦得到的事。到頭來，不論年幼的自己有多努力，當時的經驗都會變成傷害遺留下來，並成爲這樣的雙重傷害：

傷害1．痛苦的經驗本身造成的傷害
傷害2．「沒有人幫我」「沒有人懂我」的懊惱和孤單造成的傷害

沒有人想再次遭遇這種事。

儘管如此，孩子將來仍不得不獨自處理恐懼、痛苦、厭惡、悲傷、羞恥等情緒感受。

身爲內心防衛隊的騎士，就是在這時誕生的。

騎士的眞實身分，就是另一個自己

人類的心眞的設計得很巧妙，倘若沒有人幫忙、沒有人理解我們，我們的心就會產生另一個自己——既然沒有人要幫忙，那就從心中產生另一個自己，讓另一個自己來保護我們。

在自己心中創造出會保護自己、**「代替父母的存在」**。

換句話說，爲了努力活下去，就算年紀還小，仍會努力想辦法解決問題，在心中創造出保護自己的存在。

這就是騎士的眞實身分。

這是所有人類都具備的能力，不是什麼異常或奇怪的事情，是正常的內心運作。

前面也說明過，雖然會有程度上的差異，但每個人心中都存在爲了保護自己而誕生的「另一個自己」。

每次當我透過心理諮商見到個案的騎士時，都會覺得很感動。

人類內心的強大，以及**即使沒有人教，也會自我保護的功能令我深受感動，有時甚至還會爲此潸然淚下**。

不過個案在剛開始時，並不會察覺到自己爲了保護內心，而在心裡創造出另一個自己（騎士），必須經過多次練習，才有辦法察覺到騎士的存在。

你也是，一開始並無法區分騎士和自己。

騎士就是如此地與你合而爲一，一直陪伴在你左右。

順道一提，騎士不只一位。這個概念比較像是在不同問題的不同領域，各有負責的騎士。

請想像自己的內心有一支「騎士團」，正依照「守護內心的任務」爲你奔走。

長大成人後，騎士就無法好好守護你

騎士的目的是守護你。

在騎士誕生的童年時期，他能發揮很好的功能，確實保護你。

比方說，當你被人傷害，而且傷得很重，卻沒有一個大人能陪伴你的時候，爲了避免你再次受傷，你心裡會生出讓你放棄與人往來、對他人保持警戒的騎士。

騎士這麼做的結果，會導致你變得有點怕生，總是看別人的臉色。

就像這樣，騎士試圖用他的方式來保護你。

在你還小的時候，這些做法的確可以讓你保護好自己，成功解決問題。

等你長大之後，爲了活下去，你不可避免地必須與他人往來。可是騎士只知道以前的方法，直到現在，他還是覺得那樣做對你比較好，繼續用同樣的方式幫助你，讓你迴避與人交流。

最終，你因爲無法好好建立人際關係而困擾，覺得心很累、很痛苦。

長大後的你爲此傷透了腦筋。

當時保護你內心的防衛功能，也就是騎士的做法，如今已不再適用了。

儘管如此，當時的那套老舊方法，卻依然沒有任何改變。

騎士之所以像個孩子過度反應的理由

如同我在第一章介紹的，騎士有三大特徵：

1．笨拙
2．極端
3．愛操心

之所以會這樣，是因爲騎士們主要誕生於你的童年時期。

誕生於你小時候的騎士們，其實也很幼小。

雖然他們能把防衛內心的任務做得很好，但內在仍相當幼稚；再加上就算他們保護你的方法在當時可說效果良好，如今也絕大部分都已成了效果不彰的做法。

騎士們試圖保護你內心不受傷害的方式，現在看來已變得笨拙且極端。

此外，騎士們無時無刻不在擔心你，所以會對發生的事情反應過度，這些都會以問題的形式呈現出來。

舉例來說，你是否曾在餐廳等地方看過對店員大聲怒吼的人？從旁觀者的角度來看，你也許覺得：**「那種說話方式簡直就跟小孩子一樣，根本不用把話說得那麼難聽吧！」**

也許你也曾一時失去理智，不顧一切地對家人怒吼，或是因為被情緒沖昏頭而責罵過別人。

說不定你曾在冷靜下來後回想當時的一切，反省自己為什麼會做出那種事。

先不管被你大吼的人到底做了什麼，這種反應也是騎士運作的結果。

憤怒有其必要性，是能保護我們的情緒。

可是**反應過度，結果冷靜下來又要反省之類的，則是騎士為了保護你而**

引發的行爲。

在你感覺到「會受傷！」的瞬間，愛操心的騎士便卯足了全力，讓你採取「生氣、怒吼」這類極端的行爲。

從心理上來說，向對方過度發脾氣，想藉此讓自己的要求獲得接受的人，背後有著各式各樣的因素。

其中一個可能性，是**他害怕再次深刻體會到無法被對方接納所造成的悲傷，以及自己好似沒有價值的痛苦**。

他將那些感受轉換成憤怒，以避免再次陷入相同的困境。

就算事件眞正的起因是店家規定或未帶惡意的意外，他還是會產生自己被攻擊，以及遭到無視、忽略的感覺。

事實上，曾在小時候持續感受到自己不被珍惜的人，常會形成這樣的認知扭曲。

最後，爲了保護你遠離當時的傷害，騎士賣力地四處奔忙。

不僅如此，**由於騎士的內心跟兒童無異，所以他沒辦法好好地以成人或社會人士的立場冷靜表達需求或與對方溝通。**

比起這些事情，他更想拚命保護你。

因此你只能笨拙地做出宣泄怒氣的行爲。

要說那個瞬間發生了什麼事，那就是你和騎士「交換位置」了。

隱藏在「突然暴怒」背後的騎士

騎士想保護你、避免你受傷的那瞬間，你心裡會有種類似人格轉換的感覺。你可以想像成騎士爲了保護你而與你交接並互換位置。

但這個「交接」不是你自己能夠控制的。**當你接收到外界的刺激，且騎士判斷「你會受到傷害！」的瞬間，交接就會自動發生。**

騎士站在你面前，目的是爲了好好保護你。就像電影裡的騎士爲了保護重要的人，會突然挺身而出，出現在主角面前。

你之所以會情緒化地覺得怒火中燒並大吼大叫、突然取消既定的預約、因爲不安而什麼事都做不了、就是無法停止飲酒、暴飲暴食、無法整理房間、看什麼事都不順眼、沒有幹勁、擔憂到不行……

全都是因爲騎士與你交換位置並代替了你，才會出現這些狀況。

不論何時，不論何種狀況，騎士這麼做的目的都是爲了保護你。

「我爲什麼會說那種話？」
「我爲什麼會取消預約呢？」
「我爲什麼沒做呢？」

你是不是也曾像這樣，在冷靜下來之後才回頭去想：「爲什麼？」

那是因爲騎士爲了保護你的心，在那個當下和你交換位置了。
又或者，你是否曾斬釘截鐵地對自己說過「不想再那麼做」，最後卻還是重複相同的行爲模式？

每次辭職，都是因爲遇到類似的問題。
每次戀愛，都是以同樣的模式分手。
每段友誼，都是自己主動調整心態和行爲。

你是否也有類似的問題：心裡明明很清楚該怎麼做，卻始終無法解決，且不斷重複發生？

這些都是騎士爲了想保護內心而與你互換位置所導致的。

隱藏在「沒有幹勁」背後的騎士

當騎士和你互換位置時，你的情緒不見得每次都會變得很激動。

你也有可能會失去幹勁，對所有事物感到厭煩。

你是否也有類似的經驗：明明和朋友約好了，卻在前一天突然覺得「我不想去了，好麻煩」？

假如你過去曾在人際關係裡受到傷害，或是擔心要是和那位朋友見面的話，會被對方討厭，又或是擔心自己為了避免被討厭而過分顧慮對方心情，反倒會讓自己變得很累。

為了保護你，騎士會和你互換位置，**讓你變得不想去赴約，或讓你覺得出門很麻煩**。

考前用功或工作上執行專案時之所以沒有動力，也是相同原因造成的。

努力去做卻遭遇失敗所受到的傷害令人身心俱疲，因此騎士會和你交換位置，讓你在某些時候失去幹勁，避免你再次因挫折而受到傷害。

另一種情況是，在念書或工作的過程中，因爲察覺「自己可能做不好」而痛苦，騎士便會讓你失去幹勁，變得打從一開始就不想努力。

「讓你失去幹勁」這種說法雖然有點奇怪，但騎士可是盡全力在做這件事呢。

一旦我們和騎士互換位置，就算腦子再怎麼清楚，很多時候也會變得無法好好控制自己。但我們仍須牢記：騎士將我們護在他背後，抵擋了來自現實的攻擊，拚命保護我們不受傷害。

隱藏在「不安焦躁」背後的騎士

當你感覺到「心情總是很沉重」，或是「因不安而心神不寧」時，很有可能是騎士覺得這樣對你比較好，於是代替你進入過度不安的狀態。

不安是內心的其中一種防衛反應。

不安，會讓你時刻對周圍保持警戒，提前做好保護自己的準備，避免受到傷害。

經常覺得不安的人，往往有很高的比例，會像這樣把「不讓內心受傷」當成人生最重要的目標。

他們並非過著「為了獲得想要的東西而做些什麼」的人生，也不是為了「活出自己想要的人生」，而是**以「不受到傷害為第一優先」的人生**。

其中不乏已經受到太多傷害，寧可做出這種選擇的人。

沒有人希望自己處在不安之中。只是過去受傷的經驗，導致你只能下意識地把「不再受傷」設定成首要目標。

自己不得不這樣生存下去。

大多數的情況下，這種行爲背後都有一段悲傷的故事。最了解這一點的，莫過於你內心的騎士，所以他會和你互換位置，**爲了保護你而擋在你面前**。

不過你不必太擔心。只要學會如何與騎士對話（詳見第3章），就能改變一味避免受傷的人生。

最理解你，卻也最爲此所苦的騎士

騎士爲了保護年幼的你而生，守護至今。

他在你的身旁，與你一同見證你的人生。

你一路走來有多辛苦，騎士最是理解。

騎士是最了解你的人，比任何人都懂你。因此，沒有人比他更明白你的傷痛，也沒有人比他更認眞守護你。

然而對現在的你來說，騎士的行爲已經變成了麻煩。

如同前面所說，騎士試圖保護你遠離傷害的做法，總是笨拙且極端。

他也知道自己的行動所導致的問題讓你痛苦，但他並不知道還有其他保護你的方法。

其實騎士也很難受。

騎士知道你在疏遠他，也知道自己被你討厭了。

他知道自己越是想保護你，你越會在人際關係、個性、工作、家人、經濟等各方面陷入苦惱。而且他也知道你一直想消滅他。

儘管如此，他仍爲了不讓你的心受傷持續努力。

你感到憤怒又困擾，對著騎士大喊：「要是沒有你的存在（要是沒有這個問題），一切都會很順利的！」

可是不管你怎麼責怪他，騎士依舊默默繼續守護你。

騎士越是爲了你努力，就越被你怨恨。關於這一點，騎士們心裡其實也很受傷。

此外，還有另一件讓年幼又笨拙的騎士們更難受的事，那就是爲了保護你，他們得一直單打獨鬥——雖說騎士不只一個，但他們各有自己要負責的任務。

一直以來，騎士都是一個人在守護你。

由於從小你身邊就沒有其他可以依賴的人（大人），做爲分身的騎士只能在你心裡默默努力，根本沒有餘力去注意保護你的方式是否適當。

一個人拚命努力，只求不讓你受到傷害的騎士。

然而他越是這樣，你越想疏遠他。騎士不僅孤單寂寞，也非常疲憊。

隱藏在「暴飲暴食」背後的騎士

騎士爲了守護你一直在努力，但你希望他別再那麼做，也怨恨他所做的一切。

在騎士引導你產生的行動中，最常見的例子，莫過於「暴飲暴食」「飲酒過量」等和飲食有關的問題。

一不小心就吃太飽、喝到醉醺醺的；明明已經三更半夜，卻還是想吃泡麵或吃冰，嘴巴總是很饞……

相信很多人都有類似的經驗。

這也是騎士覺得這樣對你比較好，才會引導你這麼做。

我想很多人都曾察覺到，壓力越大、越感到不安，自己越容易出現暴飲暴食的情況。當我們想到討厭的事或心裡焦躁時，最好能馬上忘記；如果還要被迫持續感受到這些，確實會讓人很難受。

於是騎士開始運作，想把你的注意力從討厭的事物轉移到其他方面。

爲了達到這個目的，**用其他刺激來掩蓋不安、厭惡感或壓力，是最速效也最輕鬆的方式，所以我們才會使用「食物」**。

「進食」是一項會刺激味覺和嗅覺的行爲。

尤其是味道濃郁的食物、甜食或糖果點心，能帶來強烈的刺激，更能有效把注意力從不安或壓力轉移開來。

此外，**血糖會因爲吃了那些食物而迅速上升，你的心情將會短暫地變好，並獲得滿足感**。

人的三大欲望之一獲得了滿足，各式各樣的神經傳導物質被釋放到腦內，你不僅感到滿足，還能藉此忘記討厭的情緒或感受，心情也在一時之間恢復平靜，讓你鬆了口氣。

靠吃來消除壓力，千萬要當心！

有的人會藉著吃東西來消除壓力。

這在某種程度上有一定的效果，**但若是「只」靠吃東西來控制壓力或焦慮，那就要當心了**。

因爲這不過是利用吃東西來掩蓋壓力或不安（心理層面的壓抑），但在眞正的意義上，它們並沒有獲得解決。

這麼做的結果，只會讓不安或壓力很快地再度累積，讓人變得更想吃東西。此時，若再冒出對「吃東西的自己」的厭惡或責備，壓力就會變得更大，有時甚至會讓人進入一再透過進食來平復心情的循環。

這種情況一旦加劇，很可能會演變成過食的問題。

說到這裡，你對騎士的憤怒、怨恨，以及那種「我又沒拜託他這麼做」

「別再這樣」的心情或許會逐漸浮現。更何況，說不定你一直努力節制飲食，要是現在突然告訴你，之所以很難管住嘴巴的原因是騎士想保護你的心，你可能也無法接受。

然而騎士仍舊相信，如果要緩和你的壓力或不安，吃東西是個好方法，並繼續朝這個方向努力。

他之所以會如此，源頭其實是你從小累積的「成功經驗」。

事實上，許多正爲了飲食或飲酒過量而煩惱的人，**多少都有察覺到自己會在心裡煩躁或有壓力時去吃東西，而注意力也能在吃東西的過程中轉移到其他地方，不至於一直停留在討厭的事物上。**

請容我再重複一遍，這已經變成保護你內心的行爲了——雖然你可能無法接受這種說法，但騎士確實知道你複雜的心思，也爲被你怨恨的事而感到寂寞。但更重要的是，他覺得自己一個人保護你的心，是件很辛苦的事。

騎士非常累了。

如果你想拯救自己，了解這一點是很重要的。

隱藏在「網路成癮」背後的騎士

每個人的狀況不同，有些人用來掩蓋不安或壓力的刺激物不是食物，而是酒精。此外，也有人選擇使用人際關係（戀愛或性），或是電視、遊戲。其中不乏衍生成依賴或成癮問題的情況。

而與以上這些事物類似，且現代人大多都有的，是**忍不住要滑手機、逛網路（包括社群媒體等網路平臺）的問題**。

明明很想把時間運用在更有意義的事情上，卻不斷在社群媒體或網路上瀏覽，觀看自己其實沒什麼興趣的影片。這麼做不僅不會帶來任何收穫，還經常讓你心情變差，卻不知爲何無法不去看，結果浪費了寶貴的時間……

你並非主動且有意識地獲得資訊，而是處在被動、單純瀏覽的狀態。

這與暴飲暴食不同，**雖然這個問題很難察覺，也會浪費寶貴的時間，但無法停止逛網路的人卻越來越多。**

正如你所料，這也是騎士運作的結果，目的是當你不想感覺壓力、焦慮，或有不想思考的煩心事時，把那些掩蓋掉，藉此保護你。

放空滑手機時，**眼前會有各式各樣的資訊接二連三跳出來，能有效地讓你不再把注意力放在壓力或焦慮上**。也由於暫時脫離了現實，讓心情變得愉快。

偶爾把注意力從擔憂或壓力上轉移開來確實很重要，不過要是過度使用，就會變成平白度過了一段毫無意義的時間，不但有可能導致具體的解決方案或對策遭到拖延，甚至會讓壓力或不安持續得更久。

不過對於騎士而言，他只要能達到自己的目的就好了。

眞正幫得上忙的事

現在，各位應該大致上理解騎士如何運作，以及這些運作的結果所引發的狀況了吧？

「可是，到底要怎麼做，才能眞正解決問題呢？」

爲了回答這個問題，我將在下一章爲各位介紹解決問題的具體方法。

在那之前，我想告訴大家一件很重要的事，那就是：**你有能力幫助你自己，也有辦法解決自己的問題**。

只是當問題持續太久，或是即使你嘗試解決，但相同模式還是反覆出現時，常會讓人徹底失去自信，對吧？

這時，希望有人能幫忙想想辦法的心情，以及想依靠他人的念頭往往會變得強烈。

但請你不要忘記，你有能力幫助「你自己」。

如同前面所說的，每位騎士誕生的背後都有不同的契機，有不同的故事，但都是因爲當你受傷時，身邊沒有值得信任的大人幫忙，你只能一個人想辦法解決問題所導致的。

或許有些人對自己心裡的悲傷或造成痛苦的緣由略知一二，也有些人可能並未察覺到這些，對此並不了解。無論你是哪一種，目前存在的問題和生活的困境都是不爭的事實。儘管受傷的過去無法改變，但你可以從此刻開始，靠自己的力量爲那些傷口上藥包紮。

這才是眞正能幫助你改善眼前問題的方法。

另一方面，每個人都希望有誰能治癒自己內心的傷口——眞正的期望是，如果可以，希望是造成傷害的某人來做這件事。

這也導致**許多人在長大之後，會將當時的怨恨和憤怒發洩在父母身上，使得親子間針鋒相對，或是把自己的另一半和父母重疊在一起，對伴侶很苛**

刻，又或是會在其他人身上尋求未從父母那裡獲得的愛，容易變得過度依賴對方。

有時甚至會把矛頭指向自己的孩子。

會出現這些問題，是因爲你認爲某人（他人）造成的傷害，同樣得由某人（他人）來處理。

可是就算是別人造成的傷害，你也有能力靠自己治好它。

更重要的是，**相信「自己能幫自己一把」的信念和經驗，更能培養出眞正的自信、自我肯定，以及對自己的信任。**

請各位務必記住這一點。

下一章將爲各位介紹的做法，也是幫自己的傷口上藥的方法之一。

自己的傷口，可以靠自己治好。

請別忘記，你的內心確實有這樣的能力。

你心裡的騎士團

這邊我們先簡單做個統整。

- 你現有的問題都是「內心防衛反應」所引起的
- 在本書中，我們稱內心防衛反應為「騎士」
- 人類會盡可能避免內心受到傷害，尤其不希望刺激到潛意識裡從小到大累積的傷痕，或再度造成類似的傷害
- 騎士拚命守護你，目的是不希望你受到傷害
- 騎士會在你彷彿就要受傷的瞬間與你互換位置，站在前面保護你
- 騎士大多誕生在你的童年時期
- 騎士之所以誕生是為了保護你，但他們也是你的一部分
- 騎士現在仍以童年的狀態試圖保護你

- 因為騎士始終停留在童年時期，所以保護你的方式相當笨拙，常常使用極端的方法
- 在你已長大成人的此刻，騎士保護你的方式反而變成了問題的根源
- 騎士無法獲得任何人的幫助，只能憑一己之力保護你，所以他們其實很累了
- 騎士知道你在疏遠他
- 即使知道這件事，騎士依然會為了保護你而繼續孤單地努力

明明是爲了守護你，覺得這麼做對你比較好，所以才一直這麼拚命，沒想到這種做法卻引發了問題，結果遭你怨恨，看起來很悲傷的騎士……

儘管被你討厭，仍然獨自守護著你的騎士……

你的腦中是否浮現了這樣的畫面呢？

明明都變成這樣了，騎士還是沒有放棄，是因爲他認爲與其讓你受傷，

還不如引發問題比較好。

只有一個方法能解決這種卡住的狀態。

那就是與騎士對話。

第3章

懂得與騎士對話，才能眞正解決問題

騎士很認真地在守護我。

但正因為如此，我過得很不順遂。

「騎士，我該怎麼做才好？」

「你願意聽我說嗎？

「你只要願意聽就好。

「你只要願意了解我就好。」

「嘿，多告訴我一些關於你的事吧。」

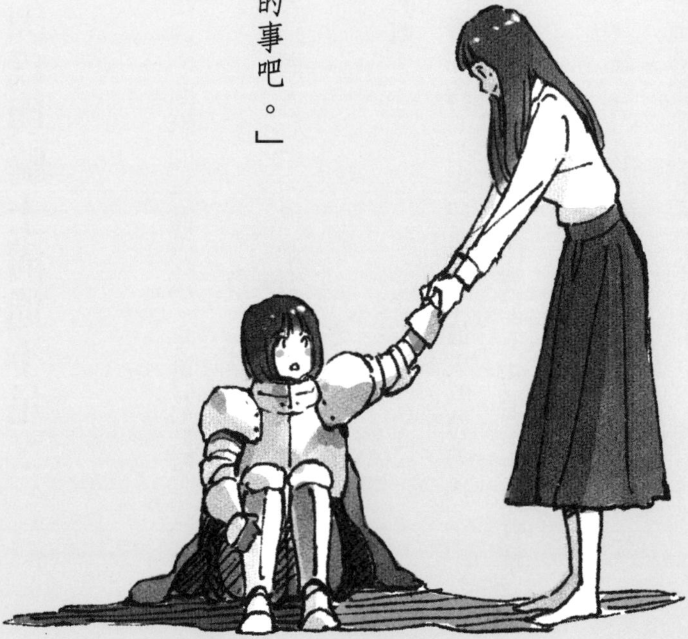

問題沒有解決，是因爲與騎士溝通不足？

在這一章，將爲大家介紹解決內心問題的具體做法，那就是與騎士「對話」。

騎士一直保護著我們，存在於每個人心中，但過去我們很可能不只沒注意到騎士，也不曾和騎士對話過。

你從來不曾和騎士進行任何溝通。

從騎士的角度來看，他爲了保護你內心的傷口，盡了最大的努力。

然而從你的立場來說，你連「內心的傷口」是什麼都不知道，也沒有希望騎士保護你到引發問題的程度。

雙方的想法差異，正是狀況沒有改善的最大原因。

在騎士看來，沒有人願意了解他想說的話和眞正的心情。

剛好和小時候的你一樣。

沒有人願意理解你的心情、痛苦，以及複雜的想法。
連父母都不理解。
你說不出口。
沒有人願意眞誠地傾聽，沒有人陪伴你。
這也是騎士的處境。

如同你希望別人能懂你，騎士也希望你能理解他。
騎士希望你傾聽他。
耍小聰明、想讓騎士跟著你走，或是試圖控制騎士的做法並不管用，反而會讓騎士關起心門。

爲什麼騎士要不惜一切代價保護你？
萬一騎士「罷工」，會發生什麼事？
騎士到底在擔心你什麼？

我們需要向騎士提問，了解他們行爲背後的動機。
不論是多小的事，傾聽騎士想說的話，是非常重要的。

你心中有許多騎士

在本書中，我把「內心防衛隊」稱為騎士，如同防衛隊的「隊」的意思，騎士有很多位。

一般來說，在日常生活中較活躍的騎士大約有數名到十數名；但**如果把現在已經安靜下來的騎士算在內，大概會有幾十名之譜**。

大家都依據「守護內心」這項任務在努力。

舉個例子，與人際關係相關的騎士有很多，不論是與主管或比自己年長的人相處時、與戀人或伴侶相處時、育兒時、身處團體時……都會出現不同的騎士。除此之外，談論金錢議題時、工作時、生病時、旅行時、瀏覽社群媒體並與他人比較時……負責此主題的騎士也會一一出現。

不同情況和主題，各有其「專職」的騎士。

另外，也有平時不會現身，只有遇到特定主題才會出現的騎士；以及凡是遇到某類問題，就一定會跑出來的騎士。

剛開始練習時，不需要做什麼很細的分類，**重點在於與騎士進行對話**。我們不必把事情想得太難，只要知道每個人心裡都有許多騎士，各自肩負不同任務就夠了。

心裡住著許多騎士不是什麼可怕的事。騎士們其實都很溫柔，也一直都在你身邊守護你。不管是哪一位，他們全都超喜歡你的。

就是因爲有你，他們才會卯足全力。

接下來要介紹與騎士對話的步驟，是以我的臨床經驗爲基礎，再簡化成讓大家都能操作的入門級方法。

我將它命名爲**「騎士對話練習」**，是可以用來**與所有騎士對話，也能眞**

正解決問題的方法。

接下來，爲各位說明進行「騎士對話練習」時的基本事項。

身心躁動之處，即是騎士所在之處

「你說要進行對話，但騎士在哪？」
「就算你說騎士是心創造出來的，我也不知道他在哪裡。」
會這麼想也是理所當然的。
在開始「騎士對話練習」前，先簡單說明如何尋找騎士。
事實上，騎士每天都會露臉好幾次，只是你沒注意到而已。他們露臉的時刻，**就是你的身心感受到不愉快的時候**。
我們可以這樣想像：騎士就在身心感到不快且「躁動不安」的地方。
而那些讓你覺得不舒服的情緒和感受可爲兩種類型：

1 當容易察覺的強烈感受湧入身心時

日常生活發生了某件事，使得悲傷、憤怒、後悔、不甘、憎恨……**容易辨別也容易察覺的感受湧入身心**。

比方說：

- 氣到發抖
- 覺得火大，心情很煩燥
- 難過到哭出來
- 覺得後悔和沮喪
- 覺得丟臉
- 無法原諒對方
- 因焦躁而難受

・為強烈的不安所苦

……

2 當不易察覺的模糊感受湧入身心時

日常生活發生了某件事，心裡好像有種很煩、覺得鬱悶、反正就是不舒服、想要離開現場……**模糊不清的不愉快湧現**。

比方說：

・你覺得同事對你說的話好像哪裡怪怪的
・一想到約好的事情，就覺得心情很沉重
・不想出門
・不想工作

- 沒有收到回音，心情很鬱悶
- 不知道為什麼，提不起勁
- 想把事情延後
- 沒力氣
- 覺得一切都很麻煩
- 懶洋洋的
- 一想到明天就覺得很煩

……

發現潛意識透過身體傳達出的訊號

前面這兩種狀況出現時，就是找到騎士的好機會。

你或許也注意到了，發生這兩種狀況時，也可說是**你正在與問題本身面對面**。

這種時候，就讓我們試著感受身體的變化吧，像是**胸悶**、**喉嚨卡卡的**、**背部不舒服**、**全身顫抖**、**肩膀沉重無力等**。

請想成騎士就在那些地方。

想靠思考或邏輯來找出騎士非常困難，但即使我們無法用語言理解潛意識發出的信號，身體也能捕捉得到——不如說，透過身體，比較容易感受到騎士的存在。

當然，大多數人還是得經過練習，才能實際感受到這些；不熟悉身體感覺的人，可以先試著盡量去留意前面提到的兩大類情緒和感覺。

尤其是類型1，會有憤怒或悲傷等容易察覺的感受湧入，應該會再容易掌握一點。

請試著把那些能明確感受到的情緒當成騎士出現吧。

幫騎士取個獨創的名字吧！

如果你找到了騎士，請幫他取個名字。取名字能讓你更輕易分辨現在出現的是哪位騎士，還能幫助你**將自己與騎士區分開來，也比較能保持客觀的態度**。

藉由貼上「名字」這個標籤，我們更容易把騎士視爲一個單獨的存在。更重要的是，你與騎士的關係，會因爲你幫他取了名字而有進一步的發展。

建議大家，幫騎士取名字時，可以試著想像他會具備什麼樣的姿態。

當你感覺到憤怒時，出現的騎士可能是一團燃燒的火焰。

當你感覺到茫然或悶悶不樂時，出現的騎士可能是一團黑霧。

當你爲了與他人的糾紛苦惱時，出現的騎士可能是一顆長滿刺的鐵球。

……他們看起來或許會像這樣。但畢竟不是每個人都擅長想像騎士的樣貌，所以也不需要勉強自己去想像。

重點在於先幫騎士取名字，而且取名方式沒有硬性規定。

下面列出一些個案為騎士們取的名字，請各位參考看看。

•憤怒時出現的騎士

「煩躁君」「小炎」「鬼娃」「破壞專家」「岩漿君」……

•不安時出現的騎士

「暗黑君」「小冰冰」「北風君」「火燒眉毛君」「黑洞」……

•缺乏動力時出現的騎士

「阿米巴」「鉛塊君」「好麻煩太郎」「黏踢踢童子」「陰沉君」……

•明明很累卻仍過分努力時出現的騎士

「小隊長」「爭輸贏先生／小姐」「驕傲君」「高牆君」……

請對騎士提出三個問題

接著，繼續說明開始對話的方法——雖說是「對話」，但一開始必須由我們帶著溫暖的心，表現出關心的態度，先提出問題，騎士才會開口。

換句話說，**就算找到了騎士，只要我們不提出問題，他們就什麼都不會說**。當然，一旦彼此的關係變好之後，騎士確實有可能會主動對你說很多話。

以下是我準備的三個基本問題，請各位向騎士提問。

提問1．「騎士（你取的名字），你爲什麼○○○○呢？」
提問2．「騎士（你取的名字），你的『任務』是什麼？」
提問3．「騎士（你取的名字），假如你不再執行那項『任務』，你認爲我會變得如何？」

接下來爲各位依序說明。

問題1 「騎士（你取的名字），你為什麼○○○○呢？」

希望你問的第一個問題，是了解騎士「爲什麼會是這種狀態」。

要填入「○○○○」的詞彙是你找到騎士時的情緒和感受，以下舉幾個例子。

「你爲什麼會生A先生的氣？爲什麼覺得煩躁？」

「你爲什麼覺得不安？」

「你爲什麼覺得什麼事都很麻煩、沒有動力？」

「你爲什麼心情鬱悶？」

「你爲什麼不想工作？」

就像這樣，請試著了解騎士「爲什麼會有那樣的情緒和感受」「爲什麼會是這種狀態」。

問題2「騎士（你取的名字），你的『任務』是什麼？」

緊接著，請了解騎士肩負著什麼任務，也就是他「爲什麼出動，以及他想完成何種任務」——當然，任務眞正的目的多半是保衛你的心不至於受到傷害，不過這個問題是爲了知道**這位騎士具體是透過何種行爲保護你的心**。

因爲就算我們問他：「你是怎麼保衛內心的？」騎士也沒有辦法好好回答這種困難的問題，所以需要用更簡單的表達方式，把騎士的活動以「任務」（使命）的形式來表現。各位可以想像自己以溫柔的態度對騎士發問：「你的任務是什麼？」

問題3 「騎士（你取的名字），假如你不再執行那項『任務』，你認為我會變得如何？」

第三個要向騎士提問的是：如果他放棄保護你內心的任務，「他認爲你會變得如何」。

當然，騎士很明白要是自己放棄了任務，你一定又會受到傷害，留下不好的回憶，所以才會想要保護你。**不過我們還是要試著問問騎士，具體來說，他到底擔心你「會變成什麼樣子」**。

提出這個問題後，你很可能會收到自己意料不到的答案喔。

光是表達謝意，問題就會減少

透過提問進行一輪對話後，請向騎士表達謝意：讓他知道自己不再是孤單一人，而你很感謝他一直以來的努力。

行有餘力的話，也請將透過對話察覺到的事情轉達給騎士，這能讓騎士的視野因此變得開闊，**因爲太努力想保護你而引發問題的頻率及強度，也將會隨之趨緩**。

事實上，光是找到騎士、進行對話、理解他的心情、表達感激之情，就能讓**騎士放鬆下來，覺得安心**。

請想像一下，假設自己在公司裡始終是孤軍奮戰，不斷被繁重的工作和專案追著跑。

你待在密室裡，既不能與任何人討論，也不會有誰提供你任何幫助。在這個過程中，還不得不想辦法解決接二連三跑出來的問題。

在這種毫無餘裕的情況下，爲了完成工作，除了得拚上自己的老命，還會被壓力拖累，很難把事情做好，對吧？這很有可能是因爲我們非常緊張，不但使錯誤增加，更讓我們失去好好應對的能力。

就在這時，密室的門打開，有個人探頭進來，問你：「怎麼了？」這時你會有什麼反應？

對方聽完你的話之後，接著告訴你：「謝謝你一直以來的努力，你以後不會再是一個人了。」這時你會有什麼感覺？

不論是過去承受的壓力，還是之後處理工作的方式，想必都會發生變化吧？

這和我們前面所做的事是一樣的道理。

請告訴騎士「我不再弱小無力」

「騎士對話練習」中另一件很重要的事，是告訴騎士你「已經長大了，其中包括自己目前的眞實狀況、實際年齡等。

前面提過，騎士誕生於你的童年時期，所以他一直以爲你仍是個孩子；**至少他認爲你比現在的你更年幼，也更缺乏力量**。

騎士對你的印象仍停留在他誕生的時候，才會拚命想保護弱小的你。

因此，我們必須讓騎士知道自己的實際年齡，告訴他自己已經長大，現實狀況也和小時候不一樣了。

把這些告訴騎士後，騎士大多會很驚訝地表示「不敢相信」或「原來如此」喔！

除了年齡，也請具體告訴他以下這些事：

- 自己已非弱小無助的孩子，早就是個大人了
- 和當時相比，自己的變化與成長

和小時候相比，自己想必成長了許多，很多事情也有了變化。把這些事情告訴騎士，能使他們原本堅信的想法鬆動，也能讓他們產生「不必那麼拚命也沒關係」的安心感。除此之外，還能**減少他們為了無論保護你、不希望你被內心傷口影響而發動的「極端任務」執行次數**（騎士盡全力想保護你，反倒引發問題的狀況）。

這樣想像或許比較好懂：有位親戚的孩子，你從他還小的時候便一直照顧到現在。他動不動就哭，又很容易受傷，因為擔心他，也為了不讓他受到傷害，所以你一直注意他的狀況，隨時都準備伸出援手或挺身保護他。

他看起來始終像個小孩子，不知不覺的，你也前前後後照顧了他幾十年，並認為那是自己的任務。

某天，那孩子對你說：「我跟你說喔，我已經長大，不用擔心我了。」這時你仔細一看，才發現他早已是身姿挺拔的成人了，不但比你高得多，臉上也開始出現些許皺紋。

當你注意到他從天眞無邪、弱小又不可靠的孩子，變成一位成人時，你會有什麼感覺？

「咦？咦？是嗎？你已經長這麼大了嗎？唉呀，所以我不用這麼努力照顧你也沒有問題，對吧？」

你是不是鬆了一口氣，覺得自己不用那麼費心了？

事實上，有時若問到朋友小孩多大了，或是看到知名童星轉大人時，我們也會嚇一跳，心想：「原來他已經長那麼大了啊！」這種心情就和騎士一模一樣，**騎士也沒注意到你早就是個大人了，所以才需要你告訴他**，讓他注意到你現在的樣子，這也是希望大家透過對話做到的重點。

希望以後也能待在你身邊

延續前面的比喻。有位親戚的孩子，你從他還小的時候便一直照顧到現在。有天，那孩子突然對你說：

「我已經長大了，不用擔心我。不論是照顧我或是那項任務，你都不需要再做了；倒不如說，可以請你不要再做了嗎？」

聽完這段話，你會有什麼感覺？

「啊……原來你這麼覺得嗎？嗯……可是我還是很擔心你……而且，老實說，我覺得有點失落呢。難道說我已經沒用了嗎？那我過去的努力算什麼？」

也許你會有這樣複雜的感受。

騎士也一樣。

即使聽到你已長大成人，他還是會擔心你。更不用說突然被告知「不用再執行任務也沒關係」，想必會讓他有點錯愕，畢竟他已為你賣命幾十年。

再來，是現實面的問題。要是騎士眞的完全引退，將來你遇到有很高機率會受傷的狀況時，很可能眞的會遭到重擊。

所以，我們不需要叫騎士收拾包袱回家，**只要請他慢慢放鬆過於緊繃的內心防衛就好，今後也讓騎士和自己待在一起比較好**。換言之，我們不用做出極端的選擇，完全放棄騎士這項內心防衛反應；不用推開騎士，只要溫柔地告訴他「請你繼續在身邊守護我」。

「有需要時，你再來幫我就好。」
「不過，不必像以前那麼努力。」
「請你在旁邊默默守護我。」

只要用這樣的方式傳達，騎士也能放下心中的重擔，並接受現況。

如果用前面親戚小孩的比喻來舉例：

「你不用像以前那樣拚命照顧我也沒關係。不過要是發生什麼事，我還是會想找你，希望你能在一旁默默守護我。」

這時，想必你也能坦率地回答：

「這樣啊，我明白了。我會在一旁默默守護你，要是發生什麼事，你隨時都可以來找我。我還是會照顧你，也會去幫你的。」

你不覺得，用這種方式更能讓心裡暖暖的嗎？

煩惱，是內心正常運作的信號

「我想盡快解決這麼問題，也希望別讓它再發生，該怎麼做才好？」心裡有煩惱並爲此糾結的人常會這樣提問。

我很能理解他們的心情，但正如同我反覆提到的，**問題有其意義，大多是提醒我們保護內心的防衛機制正在運作**。

當我們查看問題背後，就會發現它也有努力爲你發揮功能的一面。

事實上，一口氣解決煩惱或問題，反而會讓你的心變得毫無防備、赤裸裸的，也會讓心的負擔增加。

萬一弄巧成拙，還有可能會遭受額外的傷害，讓原本的問題更嚴重。

「明明只要問題全部消失，我就可以得到幸福！」大多數的人都這麼相信，然而這是誤會一場，事情不是這樣的。

因爲我們沒有察覺到問題眞正的樣貌。

當我們藉由「騎士對話練習」看見問題眞正的樣子時，態度就會從「想把煩惱或問題一掃而空」，變成**「就算有煩惱或問題也沒關係」，自然而然活得更輕鬆**。

當我們的態度開始轉變後，我們將更能理解內心運作的美妙之處。

問題只要慢慢地，一點一點地解決就好。

在解決之前，懷抱著問題也沒關係。

「懷有問題的我，是內心正常發揮功能、好好運作的證據。」

請用這種方式來看待自己。

要做到這一點，必須反覆進行「騎士對話練習」，與內心的「騎士團」不斷對話後，才有辦法實際感受到。

即使現在完全無法理解，也不要著急，慢慢來吧，總有一天會明白的。

「騎士對話練習」七步驟

將前面提到的「騎士對話練習」統整之後，可分爲以下七個步驟：

步驟 1 找出騎士

選擇一個你想解決的問題，留意該問題或事件發生時，身體什麼地方有什麼樣的感覺，那就是騎士所在之處。

步驟2 為騎士取名

如果可以，請想像騎士的樣貌或外觀，並幫他取名字。

步驟3 透過提問進行對話

提問1．「騎士（你取的名字），你爲什麼○○○○呢？」

提問2．「騎士（你取的名字），你的『任務』是什麼？」

提問3．「騎士（你取的名字），假如你不再執行那項『任務』，你認爲我會變得如何？」

步驟 4 感謝騎士，讓他知道自己不是一個人

告訴騎士「謝謝你過去一直獨自努力」，除了表達感謝，也告訴他以後不會再讓他孤單一個人。

步驟 5 告訴騎士你已經是個大人了

告訴騎士你的實際年齡、現在的生活，以及發生在你身上的所有成長。

步驟 6 告訴騎士以後也希望他能待在身旁

告訴騎士「有需要時，也要麻煩你再幫我喔」。

步驟 7 跟騎士說「下次再聊」，然後結束對話

最後，請跟騎士說「我們下次再聊」並約好下一次，讓騎士安心後結束對話。這表示我們已和騎士約好，不會再放著他不管，也不會再讓他孤單。這段對話結束後，請你根據需要反覆進行對話，經常關心騎士。

這項練習最關鍵的重點，就是**隨時都可以自己進行自我對話**。沒錯，就算只有自己一個人，也能進行這項練習。

我希望各位能掌握靠自己解決內心問題的能力，能讓自己支持自己。這是我最重視的事，也是最希望傳達給各位的重點。

經過反覆練習，你將能逐漸解決問題或消除生活困境，請務必試試看。

只要「好像有一點感覺」就可以

「就算向騎士提問，騎士真的就會出聲說話嗎？」

「我不太懂怎樣算對話，還有怎樣才算騎士有回答？」

許多人都會問我類似的問題，不過實際上，和騎士「對話」時並不會聽到聲音。

通常都是從「覺得自己腦中有話語浮現」，或是「好像有那種感覺」開始的。

每個人剛開始嘗試時，想必都會覺得摸不著頭緒。不過只要有「總覺得騎士好像在這麼說」「腦中浮現了這些話」的感受就可以了。不需要把事情想得太複雜，懷疑那可能是自己的臆測，或擔心自己不過是創造了符合情境的回答罷了。

如果嘗試過後還是難以理解，可以先從簡單地**向自己提出問題，然後自**

己回答開始。

騎士也是你的一部分，所以就算是自問自答，也不會太離譜。等到習慣之後，騎士的話就會漸漸變得明確，浮現出「連自己也想像不到的回答」的機率也會增加。

那些部分才是騎士的眞心話所在。

一開始對話可能會進行得不太順暢，但即使覺得溝通不如自己預期的順利，也是很正常的事，請放心。

畢竟我們突然對過去一直不聞不問的騎士搭話，騎士想必會嚇一跳，無法好好回答你。

有耐心地持續開啓對話，便能建立與騎士之間的信任關係。爲此，我們需要一定程度的練習，請不要著急，慢慢嘗試。

目前爲止，雖然已經向各位說明了大致上的流程，但只用文章來講解，我想很多讀者應該還是難以想像。

進行這項練習時，不斷實踐是非常重要的事。就像騎腳踏車，不論是用邏輯來理解「騎乘的方法」，還是直接在腦中進行模擬，只要沒有實際操作，就不可能眞的學會騎腳踏車，道理是一樣的。

接下來，將爲各位介紹我在心理諮商的過程中，陪伴個案實際與騎士進行對話的案例，希望能讓各位大致了解「騎士對話練習」的進行。

此外，一般來說，我會更迂迴地花時間與個案對話，加深諮商的層次與深度；爲了讓內容簡單易懂，我把過程統整得較爲簡潔。

對話會依照前面介紹的七個步驟進行。並以我和個案的對話形式呈現。另外，個案的背景、年齡、回答內容等，都已經過模糊化、混合和改寫。

「騎士對話練習」實例①

無法說出想說的話

A　我沒有辦法對別人，尤其是我先生說出想說的話，爲此覺得很困擾。就算覺得不滿，我也覺得只要自己忍耐就好，把話呑回肚子裡。累積久了，會因爲心裡很難受而爆發、哭出來。

我　明明有話想說，卻忍著不說或說不出口，感覺很辛苦吧？可以回想一下發生過的場景嗎？也請觀察一下**回想起那個場景後，你的身體有什麼感覺？**（※步驟1．找出騎士）

A　感覺喉嚨這邊好像堵住了，胸口也悶悶的。

我　騎士就在那裡。現在請把注意力放到身體的這種感受上。假如騎士有外貌或形體，你覺得會是什麼樣子？

A　一顆很光滑的大石頭，灰色的，看起來很重的樣子。

我　那麼，如果請你幫那位騎士取個名字的話，你會取什麼名字呢？

（※步驟2．爲騎士取名）

A　我要叫他醃菜石。

我　好，接下來請你問問醃菜石：「醃菜石，**爲什麼你無法說出想說的話？你爲什麼要忍耐？**」（※步驟3．透過提問進行對話）

A　總覺得他好像在說「要是不忍耐，很多事會出問題」。

我　你要不要問問他：「『會出問題』指的是什麼？」

A　感覺他在說，如果說出了想說的話，我會被老公討厭。

我　醃菜石說，如果你不忍耐，就會被討厭對吧。那麼請你接著問：「醃菜石，**你的『任務』是什麼？**」（※步驟3．透過提問進行對話）

A　他說他的任務是……讓我忍耐，避免我和老公或其他人起爭執。

我　聽到他的話，你有什麼想法？

A　他說的或許沒錯……但我不想再忍耐了，或者該說其實我希望他不要再那麼做了……我甚至有點覺得他在給我添亂。不只是老公，我不管對誰都習慣忍耐、不說想說的話，那樣讓我很累。

我　既然如此，請你問問醃菜石，**假如他不再執行那項『任務』，他覺得你會變成什麼樣子？**（※步驟3．透過提問進行對話）

A　他對我說，如果他不再進行這項任務，最後會連丈夫也討厭我，我會變成孤伶伶的一個人。我覺得他在說，不只是老公，大家也都會討厭我，然後離我而去……所有人都會不見（眼眶泛淚）。

我　聽到這些話，你有想到、感覺到或注意到什麼嗎？

A　從我小時候開始，只要我表達自己的想法，說「我不喜歡這個」或「我喜歡這個」之類的話，我爸媽——尤其是我爸，就會很不高興，常常乾脆不理我……因為我不喜歡一表達自己的意見，就被爸爸冷漠以對，所以開始覺得忍耐比較輕鬆，或者應該說「只要我什麼都不說」就好。而且如果乖乖聽話，父親的情緒也會比較穩定。我還注意到一件事：我小學時曾被霸凌，那時候我所說的話會被同學取笑，這也是原因之一。每當我說出自己所想的事情，就會覺得自己要被別人討厭了。

我

你還小的時候，醃菜石就把這些事看在眼裡，**我想他是爲了避免你再次受傷，才故意不讓你說出想說的話，讓你選擇忍耐**。但關於這點，你是怎麼想的呢？

A

我也這麼覺得。只要我表達自己的感受，就會覺得被父親或朋友討厭，有種被他們無視並拉開距離的感覺，那讓我很難過……雖然有時我會無法忍耐，說出自己想說的話，但事後一定都會非常在意或後悔，心想：「要是當初沒說就好了。」「我是不是惹對方生氣了？」「對方或許不會再理我了。」說出想說的話，反而讓我覺得更累……

我　醃菜石也了解你的狀況，所以才會執行「讓你憋住想說的話」的任務吧。注意到這點後，你有沒有什麼話想告訴醃菜石？

A　該怎麼說呢……（流下眼淚）我雖然不喜歡他那樣，但多虧了他，我確實受到了保護。算是因此不至於被討厭吧，畢竟被討厭的感覺非常難受，過去也有許多因爲忍耐而順利度過的時候。

我　醃菜石一直是一個人努力過來的，**請對他的努力表達感謝**。（※步驟4．感謝騎士，讓他知道自己不是一個人）

A　醃菜石，謝謝你一直以來的努力。你一個人拚了命幫助我對吧，謝謝你。你以後不再是一個人了，因爲有我在。

我　把那些話告訴醃菜石後，他的狀態變得如何？

A　他原本給人一種很僵硬的感覺，現在我覺得他比剛剛放鬆了。

我　眞不錯。那麼，請你告訴醃菜石**自己已經長大成人，也請告訴他你**

的實際年齡和現在的情況。（※步驟5．告訴騎士你已經是個大人了）

A 我已經三十四歲了喔，不但是個大人，也有所成長了。我現在不再受到霸凌，也和父親分開住了；就算我說出自己想說的話，會對我冷淡的人也不在了。

我 你告訴醃菜石這些事情後，他有說什麼嗎？

A 他對我說：「咦——你已經長那麼大了啊！」好像嚇了一跳。對於我說自己不再受到霸凌的事，他也一副像是在說「真的嗎？」的感覺。

我 你要不要試著告訴他，「我不想再把想說的話憋在心裡了」？

A 他跟我說：「……可是有可能被討厭喔？」

我 聽到他的話，你想跟他說些什麼呢？

A 或許會被討厭也說不定，但現在我不會被霸凌了，所以沒關係；而且老公應該不會像父親那樣無視我，所以他也不用那麼擔心。再說，要是有什麼萬一，我一個人也有辦法活下去喔。我早就不像以前那樣弱小無力了。

我　你這樣對醃菜石說之後，他有什麼感覺呢？

A　感覺他鬆了一口氣，但還是很擔心的樣子。

我　那麼，請你告訴他：「我會一步步嘗試，**你願意在一旁守護我嗎？要是發生什麼事，你要再出來保護我喔。**」（※步驟6．告訴騎士以後也希望他能待在身旁）

A　我告訴他這些後，他好像更放心了些，露出了笑容。

我　雖然我們請醃菜石默默在一旁守護你，但要是你注意到自己在忍耐，請你記得，這是醃菜石想保護你的心，並覺得這麼做對你比較好，所以在執行「讓你把話忍住不說」的任務。遇到這種時候，請你再次和醃菜石對話。我們今天先進行到這裡，請你告訴醃菜石**「謝謝你願意和我對話，我們下次再聊」**，然後結束對話。（※步

驟7．跟騎士說「下次再聊」，然後結束對話）

A　醃菜石，今天謝謝你願意和我對話，我們下次再聊。

我　謝謝你。現在，請想像你的丈夫就你面前，那種要把話憋在心裡不說的感覺變得如何？

A　那種不知道爲什麼害怕的感覺，或者該說覺得自己會被討厭的感覺變得比之前輕微了。覺得自己可以一點一點說出來，不用把話累積在心裡。

我　那眞是太好了。之後也請你繼續在日常生活與醃菜石對話，謝謝你。

「想說卻說不出口」的人都有類似的問題

據說自從A那天做完練習後，要對丈夫表達自己想法或意見時的緊張和不安降低了，也**慢慢能說出自己想說的話了**。

這也讓她明白，就算把話說出來，丈夫既不會討厭她，也不會像父親那樣無視她，還會乾脆地接納她的想法。

「騎士對話練習」最棒的地方，**在於只要察覺騎士的存在，就能讓現實生活產生很大的變化**。

我後來收到A的連絡，表示現在除了丈夫，對親近的朋友也不會過度忍耐，能好好說出自己心裡的話。但若是面對職場等關係較爲疏遠的人，她無論如何還是會有所顧慮，把想說的話吞回去，所以她會在那時與醃菜石進行「騎士對話練習」。

像A這樣，會把想說的話吞下去、選擇忍耐的人有一些共通點，那就是**害怕要是說出自己的想法，很可能會被討厭或遭到攻擊（例如無視）**。此外，他們也對這麼做所帶來的結果（會變得孤單）感到恐懼，爲了避免事情演變至此，才會覺得只要自己忍耐就好，下意識選擇不說想說的話。

我把這種狀態下出現的騎士命名爲「讓你忍耐的騎士」。

這位騎士應該有他誕生的契機。

以A來說，這位騎士（也就是醃菜石）是從她兒時與父親的關係中誕生的。因爲A曾遭遇霸凌，導致騎士越來越努力執行「讓A把想說的話憋在心裡的任務」（讓問題變得更嚴重）。

A雖然希望自己不再忍耐，但醃菜石（騎士）擔心，A若不這麼做，很可能會像過去一樣受到傷害。爲了不讓A再次受傷，醃菜石便利用「讓A忍耐不表達自己想法」的方式來守護她。

若想解決問題，理解騎士想說的話很重要。實際對話之後，有時你會想起連自己都忘記的事，並感到十分訝異，或是**注意到即使問題解決了，也可能產生令你困擾的事**。比方說，「要是我有辦法說出想說的話，真的會很可怕」或「我說不定會變孤伶伶的」。這會讓你對騎士執行任務的理由產生認同，原本想排除他的心情也將不復存在，除了對騎士有更深的理解，也拉近了你與騎士之間的距離。

光是這樣，就能讓騎士因自身獲得理解和注意，再加上知道你已不再弱小無力而覺得安心，減少把任務執行得太過火（反而變成問題顯現出來）的情況。

「交不到朋友或戀人」的人都有類似的問題

許多人也都有「沒朋友」或「交不到男女朋友」的困擾。**儘管非常希望擁有能信賴且要好的朋友或很棒的伴侶，但他們的潛意識卻帶著以下想法：**

「就算一開始很要好，我遲早還是有可能被討厭。」

「對方說不定總有一天會離我而去。」

「若真的被對方拋棄，我可能會被傷到無法重新振作。」

「再次變回孤單一人的狀態真的好可怕。」

「如果我再次變得孤獨，很可能會責怪沒用的自己，並因爲後悔而痛苦到活不下去。」

「與其去賭留下痛苦回憶的可能性，並讓內心因此受傷，還不如打從一開始就一個人待著比較好。」

騎士當然知道這些潛意識裡的眞心話，於是，**當你開始與某人變得要好**

或關係逐漸變得緊密時，騎士會判斷：要是再深交下去，你受傷的可能性將會變高，很危險。接著，你會突然覺得見面很麻煩、把注意力放在對方惹人厭的地方，讓關係朝著結束的方向發展。

在某些情況下，騎士甚至會不讓你與他人建立關係。

對騎士來說，他認爲這麼做是在保護你。

或是有可能像前面提到的案例，只要不抹殺自己的想法，就會強烈覺得自己即將被對方拋棄，進而選擇忍耐。這麼做的結果，將使你內心的不滿與憤怒不斷累積，到頭來，會是你先討厭對方。

你想與他人建立關係，但這件事也包含了受傷的可能性。

站在騎士的立場，他想在你受傷前讓你放棄。

這種想法上的差異，可以透過與騎士對話來察覺，讓騎士執行任務的方式有所改變。在這之後，你與人建立關係的方式將會產生很大的變化，問題也能開始往解決的方向邁進。

「騎士對話練習」也能用來實現夢想！

在前面的章節裡，我們透過「騎士對話練習」處理無法表達或忍著不說自己的意見所造成的生活困境和負面問題。但**「騎士對話練習」的用途不只如此，還可以運用在自我實現和實踐夢想（為正向目標努力）**。

事實上，夢想之所以很難實現，有很高的比例是騎士「設下了障礙」；換句話說，**騎士覺得不要實現夢想對你比較好**。

我們要用對話來解除這個誤會。不過請大家注意，一般來說，與個案的對話不會進行得這麼順暢，實際上必須花費足夠的時間，一步步慢慢來。

在下面的例子裡，個案B正為了無法增加收入，也無法把自己喜歡的工作做好而煩惱。

「騎士對話練習」實例②

無法增加收入，也無法把喜歡的工作做好

B　我很煩惱自己的收入無法增加。雖然有經營副業，也是和我喜歡的事情有關的工作，但進展得不順利。

我　當你在思考或煩惱這個問題時，**身體有什麼感覺？**（※步驟1・找出騎士）

B　從胸口到腹部這一塊覺得很躁動，坐立難安。

我　請把注意力放在身體的感受上，那裡就是騎士所在的位置。如果騎士有外貌或形體的話，你會想到什麼樣的畫面？

B　很像窮神……感覺是一位衣服破破爛爛的老婆婆。

我　我想請你幫那位騎士取個名字，你想叫她什麼呢？（※步驟2・爲騎士取名）

B　我要叫她「小可憐」。

我　接著請你問問她：**「小可憐，爲什麼我的收入無法增加？」**她有沒有做出什麼回答？（※步驟3．透過提問進行對話）

B　她說，要是收入增加了，我會有罪惡感；不但會對母親覺得抱歉，還會讓自己變得痛苦……

我　那麼，請你再問她：**「小可憐，你的任務是什麼？」**（※步驟3．透過提問進行對話）

B　如果我不和媽媽一樣辛苦，我會很過意不去；再說，要是因爲做喜歡的工作而輕易賺到錢，結果就是只有我一個人幸福，這樣我會有種把母親丟下不管的感覺。所以……（哭著說）她說她的任務是「不但要讓我很辛苦，還要讓我收入變低」，以及「讓我沒辦法靠著做喜歡的事情獲得收入」。

我　你聽完之後有什麼想法？

B　我想起了很多事。我們家是單親家庭，家境也不好，總是爲錢傷透腦筋，也沒辦法投靠親戚。我媽一個女人家，從早工作到晚，卻只能獲得微薄的薪水，還要擔負家務和養育孩子的責任，也時常爲錢苦惱。我是看著感覺上總是很悲傷、痛苦、不幸又精疲力盡的母親背影長大的。

假如我拋下一直這麼辛苦的媽媽，輕鬆地賺取金錢，總有種對不起她的感覺；**更別說我要是靠喜歡的事情賺到很多錢，會有種像是破壞了母親的努力、背叛她的罪惡感**。

另外……（邊哭邊說）因爲生下我的緣故，讓媽媽過得很辛苦。我覺得很抱歉。

我　原來是這樣。再請你問她：**「小可憐，假如你不再執行那項『任務』的話，你覺得我會變成什麼樣子？」**（※步驟3．透過提問進行

對話）

B 假如她不再執行那項任務，我就可以靠喜歡的工作賺到錢，不但會變得很開心，還會很幸福。可是我要是變成那樣，就會刺激到媽媽，還會傷害她、背叛她。小可憐說，**媽媽的狀態會因此變得不穩定，既無法幫助媽媽，我也會變成孤單一人。**

我 關於小可憐的話，你是怎麼想的呢？

B 我剛剛想起來，我媽只要看到我好像很開心的樣子，她的心情就會變差。所以我一直覺得，如果我不跟她一起消沉或沮喪，母親總有一天會離開這個家，這樣我就會變成孤伶伶的了，到時就得自己一個人生存下去。我無時無刻不害怕這件事眞的發生。**所以爲了不讓母親不開心，我也應該過得很辛苦……更不用說靠喜歡的工作賺到錢，那樣會對不起媽媽。**我過去都認爲，必須辛苦做自己討厭的工作，必須跟母親一起痛苦才行，那是我避免傷害母親、保護母親的做法。（哽咽地說道）要是自己變得幸福，我會覺得對媽媽過意不去，內心會湧現彷彿背叛她的罪惡感。

當時我媽的精神狀況非常不穩定，所以我眞的很擔心媽媽有一天會就這樣死掉。也是因爲這樣，我才不想做出可能刺激母親的事，感覺我必須和她一起辛苦、一起心情低落，才能夠保護她。

我想，小可憐是透過我的不富裕跟不幸來保護我和母親。她藉由讓我處在和母親同樣痛苦的處境中，讓我媽媽不至於孤單。這樣雖然痛苦，但感覺我和媽媽都能因此安心。

我　小可憐爲了你和媽媽，爲了守護你們的性命，一個人很努力呢。

請先對她的努力表示感謝，並讓她知道她不再是一個人。（※步驟4．感謝騎士，讓他知道自己不是一個人）

B　小可憐，從我小時候到現在，一直以來眞的很謝謝你。你一個人很努力地幫助我和媽媽吧。多虧有你，母親和我才能活到現在，非常感謝你。今天，我找到了你，所以你以後不會再是孤伶伶的一個人了，因爲有我在。

我　你把那些話告訴小可憐後，她的狀態變得如何？

B　她在哭。她其實也希望我能做喜歡的工作，輕鬆地賺到錢，可是如果那樣，媽媽的狀態就會變得不穩定，不知道會變成什麼樣子。要是我媽出了什麼事，我也會受傷，變得更糟糕。她說，所以就算會被我討厭，她也要繼續執行自己的任務。

我　原來如此。不過現在的情況和當時不同了。請你告訴小可憐，**自己已經長大成人，也請把你的實際年齡和現在的情況跟她說。**（※步驟5．告訴騎士你已經是個大人了）

B　小可憐，我現在已經四十六歲了喔，早就是個大人，不是小學生了，年紀比當時的母親還要大呢。現在不但可以獨立生活，也不像那時候那麼缺錢了。如今，媽媽的精神狀況已穩定下來，正過著平靜的生活。當時的我很擔心媽媽會不會死掉，但她現在過得很好喔，和那時候完全不同。

我　你說完這些後，小可憐說了什麼？

B　她傻住了，表示「不敢相信」。感覺她一下子失去全身的力氣，無力地癱坐在地上，嘴裡說著「太好了」。

我　你要不要告訴小可憐，你想增加收入，想做喜歡的工作呢？

B　我想增加收入，想做喜歡的事情。我不想再繼續辛苦下去了，也不想一直那麼不幸。

我　你告訴她這些後，小可憐說了什麼？

B　她說雖然還是有點擔心我，但她明白了。

我　**請這樣對她說：「你願意在一旁守護我嗎？要是發生什麼事，你要再出來保護我喔。」**（※步驟6．告訴騎士以後也希望他能待在身旁）

B　我告訴她這些話之後，小可憐看起來好像放心了；還有，她身上破破爛爛的衣服變成了乾淨的衣服，連外表好像也變年輕了。

我　我們今天就練習到這裡吧。**請告訴小可憐「謝謝你願意和我對話，我們下次再聊」，然後結束對話。**（※步驟7．跟騎士說「下次再聊」，然後結束對話）

B　今天謝謝你跟我說話，我們下次再聊。

我　謝謝你。之後要是再因為工作或收入的事覺得身心躁動，請再試著和小可憐進行「騎士對話練習」，謝謝。

解除「金錢的封印」

後來，我收到了B的連絡，她說自己的副業上了軌道，不但收入增加，副業所得也很快超過了本業，於是她辭掉原本的工作，**確實變得能靠喜歡的工作來獲得收入**。

B說她透過「騎士對話練習」發現心裡的騎士，並重複與他們進行對話，原本日日憂鬱的心情也獲得了改善。

據說在這個過程裡，她深刻地感受到，如果自己賺得到錢，就能讓母親過得更輕鬆一些；只要自己先變得幸福，母親和家人也能更幸福。而且**即使自己先變得幸福，也不代表她把母親丟下不管，更不是一種背叛**。

自從她察覺到，就算自己不幸，也無法用這種方式讓母親幸福後，她的收入便開始以驚人的速度成長。

我想，也可以說是B解除了「金錢的封印」吧。

就像個案B的例子，在自我實現和實踐夢想方面，「騎士對話練習」也能成爲非常強而有力的工具。而且正如同前面所提及的，光是察覺到騎士的存在，就能讓我們的內心和人生開始發生變化。

「不能比父母幸福」的心理障礙

其實個案B的情況和我自己的故事很類似。

我父親是個會打老婆的人，但他在我九歲時就病倒了，長期與疾病抗戰的結果，最後仍在我十五歲時去世。

因爲父親拒絕投保任何保險，母親不得不全額支付所有醫療費用，還要負擔家裡的開銷。由於母親的薪水非常微薄，即使有高額療養費制度（注：日本健康保險明訂，醫療支出的月付額若超過應負擔的自費額度上限，超出的部分由政府買單），要支撐家計並養育兩個孩子仍然非常辛苦。

父親去世後，由於沒有任何保險金，不但家計吃緊，也使得我的升學之路萬分艱辛。儘管因爲就讀國立大學，得以透過針對清寒學生的相關制度免除部分學費，但還是要靠就學貸款和打工，才能勉強念完研究所。

自我九歲起，母親的笑容便消失了。

她一邊養育兩個孩子，一邊從早工作到晚，卻只能賺取微薄的收入。她的酒喝得越來越多，精神狀況變得很不穩定，又無法從親戚或自己的父母那裡得到援助，後來便開始在我面前暗示她要自殺，自殺未遂的情況也曾眞實在我眼前發生。

還記得某天，我讀了母親放在桌上的遺書，驚慌失措之餘，我小小的身體像如同發瘋般不斷大哭大叫。

我始終帶著「媽媽有天是不是會死掉」「我們是不是會家破人亡」的恐懼。

爲了不讓事情發展到這個地步，爲了讓母親的心安定下來，不管是幫忙家事或拿到好成績，我用盡所有辦法。畢竟當時的我還是個小孩子，沒有辦法賺錢；取而代之的，是我無時無刻不在想怎麼做才能能讓媽媽開心，要做哪些事才能讓媽媽的精神狀況穩定下來。

另一方面，爲了保住母親的性命，我非常小心翼翼，避免做出任何會刺激到她的事。我讓自己和媽媽一樣鬱悶，總是意志消沉，並且保持安靜。**我**

嚴格約束自己，認爲自己絕對不可以開心和快樂。

我下定決心，自己絕不能比母親幸福。都是因爲生下了我，媽媽才會過得很痛苦，我總是對「活著」這件事抱有罪惡感與愧疚。

我想趕快長大，想趕快賺錢，好讓母親輕鬆一些，也不希望讓妹妹留下悲慘的回憶。因爲這些從小就有的強烈信念，我非常努力工作，但當時的我不管多努力，收入卻一點都沒有增加，而且還要償還學貸，過著勉強餬口的日子。

某天我突然發現，我的月薪頂多就跟媽媽以前賺的一樣，甚至比她還少，這讓我非常震驚。

當時我意識到：我深信自己必須和母親一樣辛苦才行，更不可以靠喜歡的工作輕鬆賺錢，要是賺得比母親還多，會讓我過意不去。

就是在那時候，**我發現自己心中讓我放棄增加收入，讓我喜歡的工作進展不順的騎士。**

騎士覺得這麼做比較好，想照過去那樣繼續保護我和母親，因此阻止我增加收入和實現夢想。

發覺到這個問題後，改變來得很快。我成功地把自己想做的事（心理助人者）變成工作，進而獲得了收入，還得到了感謝，順利抵達讓我眞心覺得「非常感恩，非常幸福」的境界。

沒想到，當家裡的債務，以及我和妹妹的學貸好不容易全部還完時（當然，賺來的錢一毛不剩），發生了東日本大地震。

福島出身的我徹底被擊垮了。

我的身體狀況每況愈下，開始出現精神官能症，長期受憂鬱和恐慌的症狀所苦。

在那之後，我靠著營養治療（爲了讓心理恢復健康，透過專屬飲食方法與營養攝取來改善身體和大腦功能的療法）與心理治療慢慢恢復。只是在改善的過程中，當我注意到自己的生活困境與精神上的問題，是源於過去痛苦經驗造成的發展性創傷時，**也曾對母親充滿憤怒和恨意**。

我盡全力支撐母親，爲家人而付出，但自己的人生卻什麼也沒得到。我感到錯愕和痛苦，心想：「這到底是誰的人生？」「我到底爲什麼而活？」

不只是收入，我還停止讓自己變得幸福。

在恢復的過程中，我反覆進行大量的「騎士對話練習」，與許多騎士相遇和對話，讓我的心掙脫了束縛，也很快就能從更全面的角度來看待自己的問題。

我開始冷靜下來，有了「媽媽也很難熬，當時她只能這麼做」的觀點。

母親那時不過三十多歲，丈夫倒下，沒有保險金，沒有錢，有兩名年幼子女要養，還無法獲得任何人的幫助。

更重要的是，她也因爲與原生家庭及父母的關係受苦，受了很重的傷；而她的父母也有很多問題和傷痛。

他們沒辦法靠自己把這些問題處理好。

但我變得可以理解他們的處境了。

以世代創傷的形式產生連鎖反應

即使受到了傷害，我的母親也只能想辦法努力活下去。然而事實上，這是個超越世代的問題，從過去開始便一直產生連鎖反應。

不論是生活的困境或內心受到傷害，這些問題不只會反映在父母和自己身上，父母的父母、祖父母的父母，再往上推到曾祖父母的父母……也都有。這些問題會像這樣，以世代創傷的形式重複發生並形成連鎖反應。

其實很多人都是這樣。

當我們追溯現有的問題，往往會發現它「並不是誰的錯」，而是背後有著不斷發生且悲傷的家族故事。

沒有人是壞人，所有人都在連鎖反應中受到了傷害。儘管如此，每個人都還是各盡所能地活下去，如此而已。

我要終止連鎖反應，讓這個重複發生的悲劇停在我這一代；我也想把做法告訴更多人，讓你身上的悲劇在你這一代終止連鎖反應。更重要的是，**我想讓更多人能靠自己的力量解決內心的傷痛和不滿，從負面消極邁向正面積極，並從現在起，幸福地過完接下來的人生**。

這是我的志業之一。

不用擔心，只要現在開始，任何人都能做得到，都來得及。

在達成這個目標上，「騎士對話練習」會成為很大的助力。

此外，前面所介紹的兩個案例雖然都是與父母有關的例子，但這不代表父母一定和你的問題有關。只是我們在思考童年時期的心理創傷時，很多時候免不了與身邊的主要照顧者息息相關。

只是，騎士誕生的背後有著各種不同的故事，**請不要輕易地把問題歸咎於父母，而是要重視在與騎士在對話中發現的線索**。

「與問題牽手相伴」才能真正解決問題

包括出現在人際關係、個人性格與癖好、工作或經濟方面等所有層面的各種問題在內，我們往往想盡快解決它們，而且越快越好。

事實上，來到我這裡的人也都會說「請快點幫我處理這個問題」「請解決這個問題」之類的話。

我覺得這是人之常情。

面對問題，我們懷有憤怒或恨意，認爲：「要是沒有你就好了！」「滾一邊去！快給我消失！」「都是你害我的人生亂七八糟的！說！你要怎麼負責？」

然而當我們反覆進行「騎士對話練習」，與不同騎士對話後，**就會明白我們懷抱著的問題其實具備深刻的意義**，也會慢慢領悟自己的確透過那些問題獲得了保護的事實。

除了打從心底理解，體感上也能夠接受，不只是理智上知道而已。你將能理解，就算是讓自己煩惱了幾十年的問題，從另一個角度來說，也等於過去這幾十年來一直受它們保護；換句話說，就是明白騎士的辛苦。

如果不能好好了解對方，就會產生各種誤會。藉由「騎士對話練習」了解騎士眞正的意圖，消除誤解；同時也不斷與騎士對話、陪伴他們，加深彼此的關係，這些都有利於眞正解決問題。

你或許很難相信，**總有一天，你會覺得騎士那種「這樣對你比較好」的態度（甚至包括因此引發的問題）很可愛**。你能打從心底感謝騎士過去的付出、深刻理解騎士的想法，以及他們無所不在的陪伴。

所謂的解決問題，不是抹除它，而是理解它，並與它牽手相伴。

我是這麼認爲的。

了解問題發生的眞正緣由，理解騎士藉由引發問題以保護你的想法和行爲，並與他們手牽手一起向前。

你始終不是一個人。總是想保護你，笨拙但拚盡全力的另一個你——騎士無時無刻不在你身旁。

你只是需要意識到這一點。

不論過去或將來，你絕不孤單

如同前面提到的，我有很長一段時間都過著身心失調的生活。

帶著各種問題活著實在很痛苦也很難受，腦中經常浮現「爲什麼我非要要活得這麼累？」的想法。

我有位朋友積極開朗，個性也很溫和，不論在公司或私底下，都受到很多人照顧。一問之下，才知道他成長於良好的環境裡。

他不曾使用過任何心理療法，當然也沒做過「騎士對話練習」，完全沒有這方面的需要。相較之下，我從小就過得相當痛苦，爲了讓自己回復到良好狀態，花了大把時間。

我曾因此感到悲傷，覺得這世界實在太不公平了。

隨著反覆進行「騎士對話練習」，越來越深入自己的內心，我察覺到我接下來要說的事：

我一直以爲自己是一個人孤單活著，獨自努力走到今天。沒有任何人懂我的痛苦，也沒有人陪伴我。

儘管如此，騎士還是一直在我身旁，深刻地理解我並幫助我。

我不是一個人，只有騎士如此珍視我，寶貝我，挺身守護我。可以說，會這麼爲我著想的，只有騎士了。

這麼厲害的夥伴一**直在我的心裡，陪伴在我左右。**

我一直被另一個「我」保護著，而且另一個「我」相當笨拙，日復一日對我付出不求回報的愛。

以前我根本不懂什麼是「愛自己」，覺得我根本做不到。

可是我其實好好地被自己愛著。

我不是一個人。

某天，我打從內心深處處理解了這件事。這讓我覺得非常開心、感謝和溫暖，一整天哭個不停，眼淚完全停不下來。

我的人生確實過得很辛苦。

儘管我的成長過程不像朋友那麼美好，但我也知道自己有另一個保護著我、眞心重視我的「我」存在，讓我有機會深刻地理解「我」，並與「我」攜手相伴。

正因爲過去很辛苦，我才能來到這麼美好的地方。

因爲我抵達了這裡，過去的痛苦也因此有了重大的意義。光是能明白這一點，就能讓我由衷感謝自己過往的人生。

沒錯，我眞心這麼認爲。這眞的是一種很神奇的感覺，但絕不是因爲不想輸給那位朋友才這麼想。我也不是在說服自己，而是打從心底感謝保護我的自己——騎士，以及因騎士的陪伴感到溫暖與滿足。

請與騎士攜手並進

不管此刻你有多煩惱，你都能從現在開始改變。

你放心，你一定可以打從心底覺得幸福，用沉靜且放鬆的身心平穩度日。

你可以活出自我，活出自己想要的人生。

千萬不要忘記這一點。

「我一個人孤獨地走到了這裡。」當這麼想的你回頭看向自己走過的道路，**將發現除了自己的足跡外，旁邊也有騎士的足跡，不曾中斷。**

不管當時的你有多痛苦，騎士始終不離不棄，無論何時，都在你身邊陪伴著。也因爲如此，你才有辦法活到此時此刻。

你隨時隨地都被另一個自己保護著，所以你不會是一個人。真心珍惜你的另一個「你」——騎士永遠會陪在你身旁。

請與騎士手牽手，一起邁出步伐吧。

騎士，很抱歉，過去沒能好好理解你。
謝謝你一直守護著我。
現在我終於了解你了，
以後也要繼續在一起喔。
不過呢，
你不用再勉強自己了。

那些讓人想拋下、
覺得很討厭的問題，
它們真正的樣貌
其實是我重要的夥伴。

是最為我著想，
也最溫柔的騎士。
你是我寶貴的一部分。
明明一直在我身邊，
我卻沒有注意到你。
謝謝你一直守護著我。

下次再多聊聊吧。

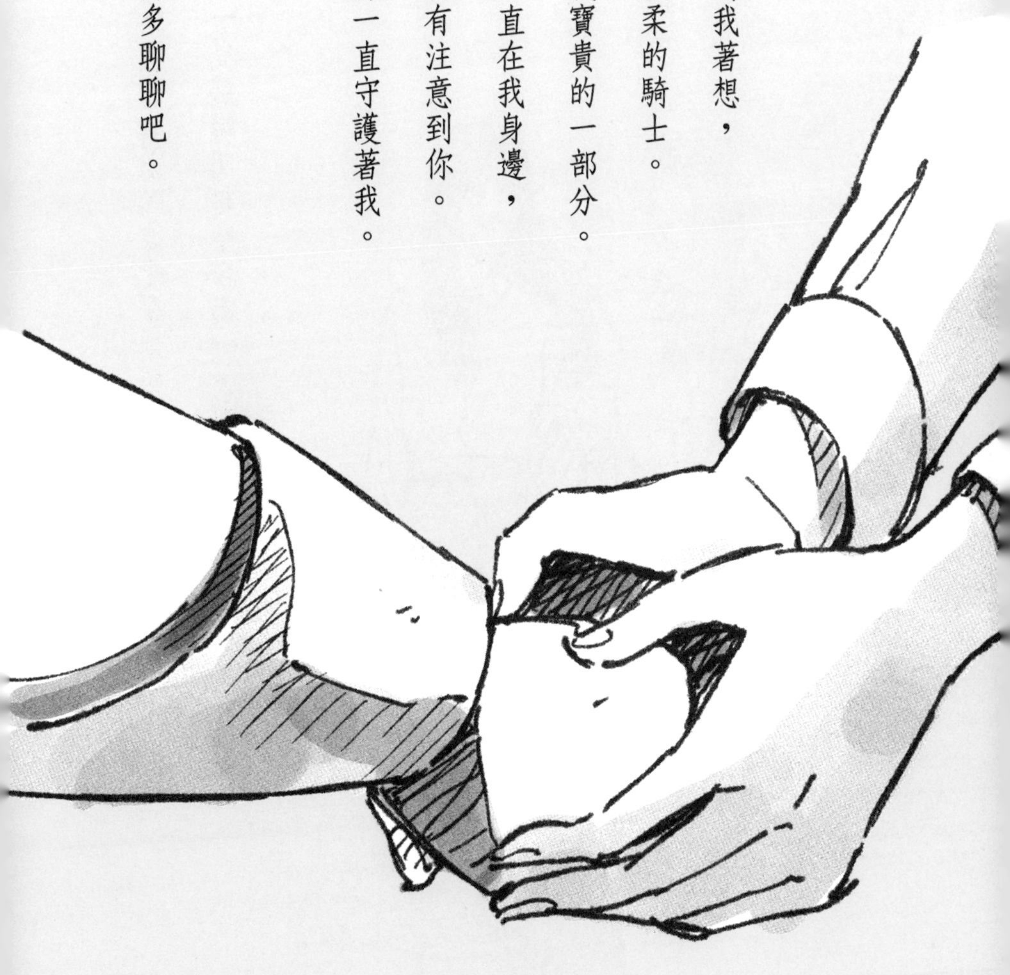

理解努力想幫助我的騎士，彼此深刻相知。

我知道，「我」從那瞬間起整合為一，內心變得自由。

我的夥伴
永遠在我的心中。
未來，我也會不厭其煩地幫助「我」，
不斷與「我」對話。

我抱緊了「我」。
謝謝你為了我，用盡全力活到現在。

孤單時，

失敗受挫時，

難受地臥病在床時……

不論多痛苦，

甚至是厭倦一切、想丟下不管的時候，

總有個絕不會放棄我、

一直陪在我身旁的人。

那個人就是「我」。

「我」絕不會拋下我。
「我」隨時在我身旁。
「我」永遠相信我。
「我」說事情一定會變好，要我別擔心。
「我」確實一直在鼓勵我。
因此，我活到了現在。

謝謝你，「我」。
以後也要一直在一起喔。

我幫助「我」的故事
以後仍會繼續。
那將是
我與「我」手牽手，
一起活下去的故事。

後記

未來，你如太陽般耀眼的本質將會展現

你是否覺得自己就是「陰天」？

謝謝各位讀到這裡。透過本書，我希望能讓各位稍微注意到自己心中的騎士。

我也想藉此向我在二十多歲寫下出道作時便結下緣分，並因出版本書再次合作的編輯金子尚美小姐，以及一直支持我的諮商心理師木村多花小姐表達感謝。

當各位深化與內在騎士們的對話，以及對自己的認識後，**將會有種彷彿**

解開「世紀之謎」的感覺，能深刻理解自己過去爲何過得不順遂。

另一方面，隨著自我整合（與騎士手牽手）的程度逐漸提升，騎士也不再像以前那樣常常和你互換位置時，眞正的、本來的你將會出現。

從那一刻起，你的人生將發生劇烈的變化。

你眞正的本質有如太陽閃耀。

然而，每當傷痛在生活中逐漸增加、累積，你就會變得像是陰天那樣，原本閃亮的陽光被雲層遮住，導致天空看起來灰濛濛的。

那就是你現在認知到的「自己」。

當太陽般的你**被雲層遮蔽太久，你甚至會以爲自己就是陰天。**

然而正如太陽無論何時都在烏雲後方，眞正的你也絕不會改變或消失，只是被遮蔽了，才讓你沒察覺到自己美好的本質。只要進行書中的「騎士對話練習」，持續理解自己的心，那些雲一定會在不久後慢慢散去。

然後，你如太陽般溫暖、沉靜、積極、溫柔且穩定的本質——你眞正的模樣將會露出臉來。

為此，不著急地慢慢前進很重要。

我非常理解各位內心「我想快點改變！」「我想快點解決問題！」的心情，但這些話等於變相否定過去一直努力生活的自己。

儘管過去的自己很笨拙，或是為了很多事苦惱，但他仍用自己的方法盡可能保護你，卯足全力地活到現在；正因為你和你的騎士都拚命努力，你才能走到這裡。

證據是你此刻正在這裡好好地呼吸，真切地活著。

請務必緊緊擁抱現在的自己。接著，請牢牢抱住在我們身旁努力的騎士。

最後，希望你不要忘記的事

本書所介紹的「騎士對話練習」流程，是我以美國哲學家暨心理學家尤金．簡德林（Eugene T. Gendlin）的澄心（Focusing）爲基礎，再加上個人臨床經驗所改編成的心理治療練習。

事實上，書中的練習算是這整套心理治療練習中基礎的部分，我只留下最低限度的必要內容，目的除了方便透過文字傳達，也是爲了「新手友善」，易於使用與上手，所以我盡可能追求簡單和淺顯易懂。

想更進一步的人，可以繼續往下挖掘得深一些。比方問問騎士希望你做或不要做的事，或是問問騎士現在或未來眞正想做的事，甚至與騎士所保護的「你內心的傷口」對話，更深入地與自己的心溝通。

最後，有件事希望各位千萬不要忘記。

不論有多痛苦、多難受、多想拋下一切的日子，或是因爲無人理解而孤單哭泣的夜晚，還是努力朝著夢想前進的每一天，始終有個人不曾離開你的身邊，隨時爲了守護你而拚命努力。

他比任何人都重視你、擔心你，也比誰都更了解你。

那個人就是你自己。

只有你不會放棄你自己，永遠相信自己。

此時此刻，「你」依然相信你，不管未來發生什麼事，都不會放棄你、丟下你，隨時陪在你身旁。

所以不要擔心，不會有事的。

請和自己一起手牽手，朝著明天前進。

謝謝。

Eurasian Publishing Group 圓神出版事業機構 用心與你對話・視野無限寬廣
究竟出版社 Athena Press

www.booklife.com.tw reader@mail.eurasian.com.tw

心理 087

遇見內心的騎士：
所有煩惱都是「另一個我」所引發，只有我能拯救我自己

作　　者／橋本翔太
譯　　者／陳靖涵
發 行 人／簡志忠
出 版 者／究竟出版社股份有限公司
地　　址／臺北市南京東路四段 50 號 6 樓之 1
電　　話／（02）2579-6600 · 2579-8800 · 2570-3939
傳　　真／（02）2579-0338 · 2577-3220 · 2570-3636
副 社 長／陳秋月
副總編輯／賴良珠
責任編輯／林雅萩
校　　對／林雅萩 · 歐玟秀
美術編輯／金益健
行銷企畫／陳禹伶 · 鄭曉薇
印務統籌／劉鳳剛 · 高榮祥
監　　印／高榮祥
排　　版／杜易蓉
經 銷 商／叩應股份有限公司
郵撥帳號／ 18707239
法律顧問／圓神出版事業機構法律顧問　蕭雄淋律師
印　　刷／祥峰印刷廠
2024 年 10 月　初版

WATASHI GA “WATASHI” WO TASUKE NI IKOU – JIBUN WO SUKUU SHINRIGAKU –
By Shota Hashimoto

定價 310 元　　ISBN 978-986-137-460-4

建立世代傳承是有可能的，它始於一個鼓起勇氣這樣做的靈魂。
你就是那個人。
你是你的後代最狂野夢想的祖先，你是你家族的英雄。
——《世代的創傷到我爲止：卸下包袱，重塑正向能量》

國家圖書館出版品預行編目資料

遇見內心的騎士：所有煩惱都是「另一個我」所引發，只有我能拯救我自己 / 橋本翔太 著；陳靖涵 譯. -- 初版. -- 臺北市：究竟出版社股份有限公司，2024.10
224 面；14.8×20.8 公分 -- 心理；87）
譯自：わたしが「わたし」を助けに行こう―自分を救う心理―
ISBN 978-986-137-460-4（平裝）

1.CST：心理學　2.CST：心理衛生

172.9　　113012585